BURN THE BUSINESS PLAN

What Great Entrepreneurs Really Do

# 烧掉你的
# 商业计划书

## 不按常理出牌的创业者
## 才能让企业活下去

［美］卡尔·J.施拉姆◎著
李文远◎译

ZHEJIANG UNIVERSITY PRESS
浙江大学出版社

**谨以此书纪念尤因·马里昂·考夫曼（Ewing Marion Kauffman）**

尤因·马里昂·考夫曼是一位伟大的美国企业家，他既没有受过大学教育，也没有任何撰写商业计划书和项目孵化的经验，更没有得到过导师或风投机构的支持，但就在这样的情况下，他白手起家，创立了自己的企业。他认定一点：我们绝大多数人都应该"创业，而不是就业"。他用自己的财富帮助那些愿意创业的人。和许多伟大的美国人一样，考夫曼的人生故事颇具代表性。他出身平凡，没有任何家庭背景。在美国，通过个人的积极进取和努力工作，他取得了巨大成功。这个榜样激励着人们去发现、培养和运用自己的商业创造力。对于那些愿意为了改善人类生活而承担创业风险的人，考夫曼基金照亮了他们前进的道路，这也是考夫曼用自身成就回馈社会的方式。谢谢您，"K 先生"。

］

目录
Burn
the
Business
Plan

# 第一章　烧掉你的商业计划书

## 何谓"创业者"？

　　每当我们以事实为依据，谈及一些成功的创业者时，总会有人提出一些与事实不符的虚构故事作为反面例子，其中就包括少数几位获得巨大成功的高科技创新者。当然，他们都是家喻户晓的偶像级人物，例如：比尔·盖茨（Bill Gates），史蒂夫·乔布斯（Steve Jobs）以及大学时中途辍学、不到 30 岁就成为亿万富翁的商业神话创造者马克·扎克伯格（Mark Zuckerberg）。虽然他们的故事听上去引人入胜，并且我们也无比感激他们的革命性贡献，但对于 95％ 想创立建筑企业、生产新型建筑材料、成为服务提供商或获取特许经营权的创业者来说，这些故事没有太多可参照性。而你我更像这 95％ 的创业者，来自各行各业，梦想着创立自己的公司。

　　在这种理想化的故事中，主角通常都是一些年轻、倜傥、以男性为主的高科技奇才。而事实上，他们只占创业大军的很小一部分，约占 5％～7％。这些初创企业几乎获得了风投企业所有的高调投资，而且绝大多数初创企业都被媒体报道过。不过，令人吃惊的是，初创企业的失败率高企不下，企业成立五年内倒闭的比例高达 80％。

初创企业的真实故事与它们的成活率之间揭示了某些与众不同的东西。绝大多数企业家没上过大学，而且绝大多数人都是在职业生涯顺风顺水的时候创业的。他们创业时的平均年龄接近 40 岁，80％以上的初创企业的创始人超过 35 岁。大部分企业家的年纪都在 45 至 55 岁之间，而 55 岁以上的企业家创立的公司数量比 35 岁以下的人创立的要多。还有另一个令人吃惊的事实：创业者年龄越大，企业存活的概率就越高。

"成熟的"创业者是初创企业存活的关键要素，明白这一点，我们就不难理解创业前打工的重要性。企业家们在创业前平均打工 15 年。尽管这看似反常，但事实上，大公司就像一所学校，你可以在里面学习如何测试产品、制造产品、为产品定价、销售产品（有时候你还得学会如何不做这些事情）；此外，你还要学习组建员工队伍、与供应商打交道、为设备和设施寻找资金，并遵守法律法规要求。研究结果还告诉我们，许多勇于创新的创业者都是从大公司离职后创业的，而他们之所以离开这些大公司，是因为公司不想多元化，投资那些它们认为偏离了企业核心业务的新事物。有些知名企业甚至会将一些创意转让给员工，让他们到外面独自创业。

## 做好计划，然后随机应变

在互联网发展早期，大量初创企业在数月时间内如雨后春笋般出现，人们都认定商业模式正在朝当时所谓的"万维网"（World Wide Web）转变。硅谷的绝大多数初创企业都被称为 B2C（Business-to-Customer）企业，即采用"商家对顾客"的经营模式，创立于 1994 年 7 月的亚马逊（Amazon）公司即是其中之一。另一批企业则被称为 B2B（Business-to-Business）企业，它们专注于企业与企业之间的交易。

迈克尔·莱文(Michael Levin)已经做好了创业的准备。莱文曾在威斯康星大学(University of Wisconsin)学习国际关系学,后来又到哈佛大学攻读工商管理学硕士学位。毕业后,他在一家跨国钢铁贸易企业工作,并最终收购了这家公司。除了开展其他业务以外,莱文的公司主要从其他国家(比如中国)收购炼钢厂,几个月之后,再以较高价格卖给其他国家生产钢铁制品的工厂。

正当互联网商业如火如荼地发展之际(如今,那个年代被称为"网络泡沫时代"),莱文想通过在线网络市场出售钢铁。与客户探讨过互联网交易的可行性之后,他开始相信这对于 B2B 企业来说是个不错的创意。接着,他便前往硅谷推销自己的想法。鉴于莱文的从业经验、过往成就并且他打算自己投入部分资金,风投公司对这个项目很感兴趣。虽然莱文只是展示了几张幻灯片,但投资者们当场表示支持他。

正当莱文着手组建新公司时,投资人要求他提供一份详细的商业计划书,里面要包含销售预测和财务预算。一旦新公司开始运营,有了舒适的办公室、一群程序设计员和当时最先进的网站之后,莱文就要面对现实的问题。出售钢铁的钢铁制造商和购买钢铁的工厂都不想放弃传统的钢铁交易模式,它们喜欢面对面地对价值数百万美元的合同讨价还价,开完会后再来一顿牛排晚餐或来一场高尔夫球之类的户外活动。在互联网交易平台上买卖钢铁很难实现。

B2B 钢铁贸易模式的创意落空了,但出乎意料的是,钢铁制造商和客户同时对莱文说,他们对莱文新公司用于预测钢铁价格的部分计算机模型非常感兴趣。此外,他们想购买公司专门定制的供应链软件的使用权。新公司董事会对此不感兴趣,因为莱文在计划书中制订的未来规划使投资者们坚信钢铁市场最终会从 B2B 贸易模式中获益。莱文发现,他自己写的计划书根本无法劝说董事会相信公司应转型成为软件供应商。最终,莱文买下了投资人的全部股份,他的初创企业摇身一变,成为一家软件公司,也是迄今为止硅谷存活下来的为数不多的新创 B2B 企业之一。

与此同时，B2B 企业遍地开花。每天都有卖各种稀奇古怪产品的新企业成立，还有一些企业专门出租各种产品，从二手衣服、皮大衣到合租房间，无所不包。

莱文又重操旧业，继续买卖钢铁，通过电话或面对面开会的方式，用自己的聪明才智去谈合同。"商业计划书就像一场宗教仪式，如果你写好了商业计划书，成功就会接踵而来。以我的创业经历为例，投资人很相信这份计划，导致任何与客户真实需求相关的调整都被他们视为风险，这会危及计划中规划好的未来。"莱文说，"想创立一家成功的企业，要善于与客户打交道，而不是紧紧抓住一份计划书不放。"

在美国巴尔的摩市的约翰·霍普金斯大学（Johns Hopkins University）任助理教授时，我的创业生涯便开始了。我教授的专业是医疗健康经济学，而我尤为感兴趣的一个研究领域就是医院"垄断"是否会导致价格垄断行为。当时，按照美国联邦贸易委员会（American Federal Trade Commission）的规定，一家医疗企业可以在同一市场拥有多家医院。显然，带有贬义的"垄断"一词表明联邦贸易委员会认为他们对这个问题的答案是肯定的，他们认定在一个"垄断"的市场中，价格垄断行为会导致病人的医疗费用和保险公司的保险费用激增。而医疗企业则宣称，在同一座城市中拥有多家医院能够让它们降本增效，为病人和保险公司节省成本。

作为一名学院派经济学家，我专注于量化的医保问题，而医疗企业和联邦政府也要求我研究这个问题并提交调研报告。该项目需要收集大量会计数据和临床数据，工作量非常大。首先，我选取了美国的四个州，然后收集其中四家医院的账单记录及几十万名病人的匿名数据。在那个"大数据"概念尚未成形的年代，我就已经在做一个大数据项目了。在分析这些统计数字的过程中，我发现了一个意想不到的规律：即使以收入水平作为衡量标准，某些低成本医院的病人所获得的医疗服务也要优于高成本医院；而按道理来说，高成本医院的医疗服务应该更好一些。在我看来,这个规律相当令人震惊。

我又进行了更深入的研究和大量的数字运算,结果数据表明:医院可以在削减成本的同时提升医疗服务质量。最重要的是,我所收集的数据清楚地表明医院如何才能更高效地运营,而且我能够解释其中的原理。

这一发现让我陷入了两难境地。我可以再写一篇学术论文来阐述我的调研结果,但我知道,无论这篇论文再怎么被学术圈甚至是医疗产业圈广泛传阅,医院也不会主动设计和实施一套机制和系统来提升病人的护理水平并降低服务价格。

在我看来,我的唯一备选项就是开发一套决策支持系统,然后把它卖给医院,并为医院提供安装服务,这样才有可能实现医院与病人的双赢。这又让我进退两难。约翰·霍普金斯大学不赞成教职工从事商业活动,我只能辞去教授一职。我感觉自己就像是罗伯特·弗罗斯特(Robert Frost)的诗歌《未选择的路》(*The Road Not Taken*)中那位孤独的行者,不仅要离开一所伟大的学府,还要辞去一份虽然收入不太高但却非常稳定的工作。如果迈出这一步,我就要照料好一家脆弱不堪的小型初创企业,不仅要为它提供资金,还得给自己发工资。让我更加难以抉择的是,我和妻子刚买了一幢新房子,而且生下了我们的第一个孩子。在接下来几年时间里,恐怕我很难睡几天安稳觉,而且要上天保佑我的妻子别失业——这样,假如创业不顺,我们还有回旋余地。

绝大多数初创企业初期都要面临巨大的财务压力。我的小公司成立后,它的营业收入不足以购买数据、办公电脑和聘请急需的人才,公司的绝大多数员工还是我在约翰·霍普金斯大学任教时的学生。于是,我的贷款银行建议我跟当地一家新成立的创投基金投资人谈谈。接下来的会议犹如电影中的场景。在听了我的故事之后,投资人把双脚撂在桌面上,点了一支雪茄,然后对我说:"大学教授不适合做生意人。"我和同事知道,投资人都会说这种话,于是决定勒紧裤腰带过日子,量入为出。这种自我解决财政困难的做法如今被称为初创企业的"自力更生阶段",

只不过我当时并不知道它的叫法。

和许多初次创业的企业家一样,我没有相关的行业经验,每天只能摸着石头过河,也从来没有人建议我制订商业计划,包括向我提供贷款的银行。假如有人要我这样做的话,肯定会适得其反。

和许多创业者一样,我也认为自己的产品是具有革命性的,客户肯定会争相购买。但是,令我惊愕的是,产品的销量不佳,市场愿意接受的价格与我预期的产品价值不符,甚至达不到它的成本价。后来我才知道,医院不太关心效率,而且坦率地讲,它们似乎也不太关心这款产品可能会给病人带来更好的治疗效果。当时,政府和保险公司以"成本加利润"的模式支付医院费用,因此,对它们来说,效率只是一个有趣的公共政策话题,却不值得为此而让医生、护士和医院管理者感到不安。更糟糕的是,在与医院的代表律师聊过之后,我才知道医院其实并不太想拥有病人的治疗结果数据,因为如果把这些数据公之于众的话,有可能会使医院处于尴尬的境地,甚至会惹上麻烦。从本质上说,医院及其代表律师很不想提高医疗服务质量,因为这就意味着现有的医疗质量还有提升空间。我的产品本来可以帮助医院节省一大笔钱并给予病人更优质的医疗服务,但却遭到了漠视;那些企业管理者为了保护企业的利益,甚至强烈反对使用我的产品。

我的本能反应就是责怪客户太蠢,不知道这产品是对他们有好处的。虽然醒悟得晚了些,但我最终还是意识到自己无法说服医院购买这款优质产品,而只能寻找其他客户。幸运的是,在公司成立的第二年,我终于明白了一件事:所有医院的建筑都是举债兴建的,它们建造新大楼的资金来源是长期债券,医院除了要在30年后全部偿还投资者的本金之外,还要每年从当期收入中拿出一部分钱支付利息。地方债券就像是医院债券的堂兄弟,万一医院倒闭,医院债券要确保投资者的利益。举个例子:如果发售医院债券的保险公司知道 A 医院的运营效率比 B 医院高,它们就会更好地评估相对风险,然后根据风险评估结果设定保险费。

当我第一次拜访一家专门销售医院债券的保险公司时，核保部门的领导恨不得要亲我一口。他说："我知道你迟早会出现的！"当然了，他期待出现的那个人并不一定是我本人，而是他知道肯定有一种量化的方法来判断医院的财政实力，并预测某家医院是否会因无法给病人提供优质服务而存在倒闭的风险。在保险业看来，劣质的医疗服务很有可能产生医疗事故，而医疗事故就大大增加了保险公司高额赔付的风险。

几年后，我和我的学生为了某一种类型的客户而创造的产品却被卖给了另一种类型的客户，也就是保险公司。当初离开象牙塔下海经商时，我并不知道有医疗保险这个行业的存在，而我现在已经成为这个行业的一员了。

## 计划不如跳舞

有过创业经历的人都喜欢这些故事。企业不会根据原定计划演变，正如德国元帅冯·毛奇（Von Moltke）所说的那样，在战争中，"与敌人首次交战之后，一切计划都失效了"；同理，绝大多数创业者都说自己的商业计划书没有太大用处。商业总是不断变化的，无论是著名的大公司还是小型初创企业，都要以无法预测的市场为导向，而不是由企业来主导市场的发展方向。创业者必须要学会随着市场不断变化的节奏和韵律翩翩起舞，计划永远跟不上变化，它不但帮不上忙，还会浪费你的时间。

尽管如此，每当有人考虑创业时，总有人给他提出一个建议，那就是：写一份商业计划书。假如创业者想从美国中小企业管理局（Small Business Administration）那里获得贷款，政府会要求他提供一份书面的商业计划书，而且该计划书要符合指定模板；同样，联邦监管机构现在要求银行将那些借贷企业的商业计划书存档。没有书面计划，任何缺乏过硬社会关系的创业者都不可能与风投公司接洽,所有天使投资人或投资顾问都会要求任何一名想博得他们关注的创业者提供书面计划。在很短的一段时期内(不到 30 年),商业计划书写作已然成为创业者的"罗塞塔石碑"(Rosetta Stone),按莱文的说法,它"有点像某种宗教仪式"。

"商业计划书是初创企业成功的基石"这一观念早已根深蒂固,以至于每年都有 300 万份商业计划书面世。为什么会出现这种局面?原因就在于数千万人梦想着复制硅谷创业者的成功经历。考夫曼基金调研结果显示,50％以上的成年人及 70％以上的大学生想成为创业者。

有些人凭借着一个创意便成立了一家公司,并在短短几年时间里变成富翁,这种发迹模式很难不让人钦佩和着迷。美国每年都上映着大量与创业者相关的电影,其中光是讲述史蒂夫·乔布斯创业故事的电影就有 4 部。包括《企业家》(*Entrepreneur*)、《公司》(*Inc.*)、《连线》(*Wired*)、《快公司》(*Fast Company*)等杂志都在讲述类似于"一美元剃须刀俱乐部"(Dollar Shave Club)的创业故事。这家公司创立于 2011 年,专门在互联网上出售优质剃须刀;4 年后,它被联合利华(Unilever)以 10 亿美元的价格收购。类似的故事不断上演着。《创智赢家》(*Shark Tank*)是美国广播公司(American Broadcasting Corporation)推出的一档人气颇高的真人秀节目,生动刻画了那些把赌注压在创业者商业计划上的投资人形象。成功的创业者都是与众不同的人物,他们与电影明星和政治家们都来往甚密。难怪雪城大学(Syracuse University)专门研究流行文化的罗伯特·汤普森(Robert Thompson)教授说,创业"在我们渴望成功的人生当中扮演着越来越重要的角色"。

## 凡夫俗子与商界巨擘

本书是献给那些有志于创业的普通人的。在中世纪,人们用"凡夫俗子"来形容这些普通人。绝大多数创业者都像你一样，从来没有机会见到风险投资人，也没有在大学里学过如何创业，更没有听说过企业孵化器，甚至从未写过商业计划书。

95%的普通创业者与那些有如摇滚明星般的硅谷巨擘截然不同，后者被视为天才，他们不仅给我们带来不可思议的新技术，而且非常善于把创意变成一门庞大的生意。在不经意间，他们重新点燃了美国人的创业激情，这个作用也许更为重要。

这些硅谷巨擘创立公司的时间可以追溯到1947年。当时，半导体刚刚问世，这种新奇的电子元器件催生了固态电子学；20年后，固态电子学又引发了计算机和软件革命。半导体革命发生在北加州的硅谷，也许是命运的巧合，又或者是因为那里有宜人的天气，20世纪60年代末以及接下来的20年里，美国一些卓越的企业都在硅谷起步，包括奥多比（Adobe）、苹果（Apple）、思科（Cisco）、仙童半导体（Fairchild Semiconductor）、英特尔（Intel）、财捷（Intuit）、甲骨文（Oracle）和太阳微系统（Sun Microsystem）等公司［比尔·盖茨和保罗·艾伦（Paul Allen）是在阿尔布开克市（Albuquerque）创立微软（Microsoft）公司的］。

对20世纪的绝大多数人而言，开店或开工厂是不值一提的事，创业也不太引人注目，主要原因在于当时有很多独立的个体企业，而且新企业正如雨后春笋般兴起。例如，将近半数从第二次世界大战战场归来的老兵最终都选择了创业。与现在相比，那时候的企业主多如牛毛，家家户户都有人都在创业。

20世纪60年代，我还在读高中，美国的商业偶像是类似于亚历山大·格拉汉姆·贝尔（Alexander Graham Bell）这样发明了许多日常用品的人。其他偶像还包括威利斯·开利（Willis Carrier）、乔治·伊士曼（George Eastman）、托马斯·爱迪生（Thomas Edison）和莱特兄弟（Wright Brothers），他们分别发明了空调、相机、电灯泡和飞机。这五位商业偶像可谓是发明界的圣人，他们分别创立了美国电话电报公司（AT&T）、开利空调公司、柯达（Kodak）公司、通用电气（General Electric）公司和柯蒂斯-怀特（Curtiss-Wright）公司（曾经是世界上最大的飞机制造商）。虽然他们已经与世长辞，但他们的精神一直鼓舞着世人，人们研究得更多、更加铭记于心的是他们所发明的东西，而不是他们所创立的企业。

在为初创企业提供咨询服务的专业顾问出现以前，这些伟大的发明家就已经开始创业了。的确，20世纪80年代之前，美国所有商学院研究初创企业的教授加起来不超过10人，学术界对创业这一课题似乎不是很感兴趣。当时，大学生都不想学习如何创业，也没有太多人关注创业风潮。毕业时，几乎所有工商专业的学生们都想在著名的大企业里谋得一个职位，希望通过职场升迁爬上企业高管的位置。

到了20世纪80年代，这一切都改变了。工商管理专业的大学生们纷纷仿效盖茨和乔布斯。看到自己的学生为了创业而放弃在大企业当职业经理人的机会，工商管理教授们便设立了"新企业创建"（New Venture Creation）和"新企业案例"（Cases in New Business）等课程。在如今看来，这些名称听上去既冗长又幼稚。当时各大学校并没有开设"创业学"课程；直到80年代中后期，"创业"一词才被广泛使用。

## 商业计划书的起源

如今，约有6000名大学教授和讲师在教授创业学课程。他们开设的课程几乎都认同两个约定俗成的原则，这两个原则被认为是创业成功的关键。原则一：初创企业都应写一份关于该企业的书面说明，旨在吸引风险投资人。原则二：如果初创企业在一个支持创业的生态系统中孵化的话，那它成功的概率就会大大增加。

　　明白这两个检验标准的演化过程之后,就不难阐明一个极其重要的矛盾观点:越多人遵循这两个准则,成功的初创企业就越少。

　　20 世纪 80 年代,随着创业潮兴起,商业计划书写作也应运而生。"商业计划"这一概念是从商业策略研究借鉴而来的。过去,这门学科是商学院培训的原创和核心领域之一。战略规划历来注重引导大企业进行复杂决策,比如是否建新工厂,是否使供应链全球化或者是否收购另一家企业。战略规划的方法包括两方面,一方面是对计划本身进行详细分析,另一方面则是深入剖析商业计划对公司财务状况和长远利益可能产生的影响。过去,战略规划工具没有被从零起步的初创企业采用,是有充分理由的。

　　商学院教授们为之培养下一代管理者的美国大公司当初都不是靠书面计划起家的。在《财富》(Fortune)杂志评选出来的 100 家老牌企业中,几乎没有哪家企业在创立之初写过商业计划,这些企业包括了美利坚航空(American Airlines)、迪士尼(Disney)、杜邦(DuPont)、通用电气、通用汽车(General Motors)、埃克森石油(Exxon)[前身为标准石油(Standard Oil)]、福特汽车(Ford)、国际商业机器(IBM)、强生(Johnson & Johnson)、宝洁(Procter & Gamble)、麦克森(McKesson)、沃尔玛(Walmart)和施乐(Xerox)。有些创始人确实写了点东西,只不过写在了信封背面;而美国西南航空(Southwest Airlines)公司更是创始于一张纸巾。西南航空一直将它的航线图,包括它将来打算开通的城市航线印在飞行途中向旅客提供的鸡尾酒纸巾上,这是对公司创始人赫布·凯莱赫(Herb Kelleher)表示敬意的做法,该公司的第一张航线图正是凯莱赫画在鸡尾酒纸巾上的。

　　我们将一次又一次地看到,在创业大背景下,这种衍生于战略规划的方法毫无意义。尽管如此,由于没有其他方法可以利用,早期大学讲师只能重新设计企业规划模板,找出他们认为创业前应该知晓和描述的 11 个元素。

这种观点认为,只要坚持采用一种线性、理性和关键的路径,创业者就能取得成功。这个模型与自发的试错法毫无关系,而每一家初创企业都是从早年不断犯错的过程中逐渐成长的。计划书只不过是试图让一个天生混乱的过程变得井然有序,而计划书写作也不过是一种让大学教师有东西可教的技巧而已。

第一代创业导师们致力于推动计划模型,但在这个过程中,他们忽略了另一个重要事实。新生的高科技企业犹如星星之火,不但激发了市场对创业课程的需求,而且当中的许多佼佼者早已登上了《财富》杂志世界 100 强排行榜。然而,在创立之初,这些高科技企业没有制订任何书面商业计划。沃兹尼亚克(Wozniak)和乔布斯从来没有给苹果公司写过商业计划书;而与 20 世纪的先辈一样,思科、惠普(Hewlett-Packard)、谷歌(Google)、耐克(Nike)、甲骨文和沃尔玛等企业在创立时也没有任何商业计划书。如今,微软公司出售专门帮助人们写商业计划书的软件,可比尔·盖茨和保罗·艾伦当初创立微软时却从未写过商业计划。英特尔倒是有一份计划书,它就保存在英特尔公司博物馆。这份打印出来的计划书很有名,因为它只有一页纸。其实,它更像是一份关于公司使命的宣言,里面没有任何预测,没有探讨竞争对手的产品,也没有提及产品的准入障碍,对于公司的盈利模式更是只字未提,而这些都是当时所流行的商业计划模型的重要组成部分。

40 年前,商业计划书曾是公认的初创企业的核心内容;而今天,包括脸书(Facebook)、吉尔特集团(Gilt Groupe)和推特(Twitter)等许多高速发展的初创企业,在创立时还是没有制订过任何书面计划。

## 计划书是给投资人看的

除了没有其他指导性文件可以提供给投资人之外,形式化的商业计划书之所以能如此迅速地生根发芽,原因就在于风险投资人是以一种报复心态接受这一概念的。风险投资始于 20 世纪 70 年代,其初衷是帮助硅谷诸多计算机和软件公司白手起家。这些风险投资者形成了新型的金融实体,被称为"风险投资基金"或"创投基金",英文简称为 VC(Venture Capital)。它们为高科技初创企业提供启动资金,而商业银行或传统贷款人往往无法理解这种企业,或者认为类似企业风险太高而不肯借款。这些新型基金本身很像银行,但愿意比银行承受更高的投资风险,因为它们用于投资的资金来自投资者,包括大学捐款和基金会捐款,而这些机构愿意承受短期损失,以换取未来更大的回报。投资资金的另一个主要来源是养老基金和人寿保险公司,但这些基金和公司认为未来存在太多不确定性,所以在它们的投资准则中是无法容忍未来风险的。

当英特尔和苹果这样的初创企业向公众发售股份时,早期投资这些企业的创投基金获得了数倍于初始投资资金的回报。它们的前期回报率非常高,其投资资本的年回报率通常达到 30%,以至于后来有数十家新成立的风投基金涌入硅谷。这是一种自发形成的共生关系。越来越多的创业者成立了越来越多的新企业,而这些企业为越来越多的投资者创造了更多投资机会;许多初创企业的员工后来也创立了自己的公司。

随着创投基金数量的增多,商业计划书就变成了一种很便利的模型,就像是美国高中毕业生所使用的大学通用申请系统,能够让他们同时向多所大学提出入学申请。对投资人来说,这种统一格式的商业计划书让他们在对比各种创业方案时更加轻松了。当然了,风险投资者天生只注重短期收益,他们最关心的就是计划书里描述的公司多久才能进入"资产变现"阶段,即另一家公司将并购这家初创企业,或者这家初创企业向公众发售股份,也就是我们所说的"首次公开募股"(Initial Public Offerings,IPO)。每一份商业计划书都要制订"退出投资策略",而初创企业被收购或"上市"就是该策略的最后一步。

强调获利后退出的商业计划改变了人们创立新企业的初衷,更违背了创业的本质。如今,所有商业计划书在开篇处都大谈特谈它会给市场带来哪些新鲜创意;到了计划的中段,却突然话锋一转,开始谈论投资人如何退出初创企业的问题。格式化的计划书改变了许多初创企业的核心动机,这个动机与由来已久的创业过程截然不同。如今,在多数情况下,格式化的商业计划书将创业变成了一种帮助创业者和投资人迅速获利的工具。一名作家曾说过:"创业过程中的'见好就收'并不是一件坏事或反常行为。我认为,如今的创业者想取得成功,不但要立志于尽早退出,还要把这个目标融入企业架构和企业基因当中。"他还指出,从开始创业到出售公司,创业者在一家初创企业上所花的时间不应超过 4 年。

《财富》杂志评出的世界 100 强企业的创始人都没有把自己公司当作投机倒把的工具,他们创立企业的初衷也不是迅速获利后把公司卖掉。过去的伟大企业家在创立公司时都没有想过将来有一天会变卖公司资产,他们希望自己的公司能在未来几十年里继续存在下去。强生公司总部大堂竖着一块石碑,上面刻着公司的信条,它讲述了强生公司创立的宗旨,那就是永远满足客户需求,为员工提供良好的工作机会,并给予股东合理的回报。

## 众人拾柴火焰高

一连串的"车库创业"故事使硅谷成为许多高科技企业诞生的摇篮。但一些学术专家错误解读了这些故事,他们开始宣称,创业者想获得成功,除了要写正规的商业计划书之外,还要有当地"生态系统"的支持。许多社区领导人都赞成这一说法,尤其是那些正在经历制造业下滑的城市和地区,他们认为创业可以成为恢复当地经济活力的手段。结果,每座大城市都吹嘘自己拥有一系列综合资源,并为此感到自豪。这些资源被称为"孵化器",是专门用来支持和激励本地创业者的。一个生态系统由以下几方面资源构成:一个关注当地经济发展、由专业人员打理的风投基金,而且该基金通常是由政府出资建立的;有组织的业余投资人或天使投资人团体;一个由拥有创业经验并且愿意扮演导师角色的商人组成的网络;初创企业在发展过程中可以不断"孵化"的场地,这些场地的租金必须很低,甚至为零。

除了这些资源以外,很多社区恢复甚至重建了专供"创意阶级"使用的街区。"创意阶级"是一个宽泛的定义,指的是包括创业者在内的年轻城市居民。只要参观一下这些街区,人们肯定会认为这些创业者都住在阁楼里,周围被画廊和酿酒厂所环绕。人们普遍存在一种幻想,认为创业都是在时髦的社区里完成的,所以,我们看到那些开设城市规划和建筑课程的大学告诉学生,他们应该学习皮革工匠、草药配料员等少数"城市创业者"的生活方式,这样才能培育出一个有更多创业者的实体环境。

商业计划书和寻找一个能够提供支持和灵感的生态系统是创业成功的两大检验标准,把两者结合在一起,就形成了如今所盛行的创业流程。现在,美国存在这样一个小型产业,致力于制订商业计划书和创建上述生态系统,从而增加新企业数量并提升这些企业的成功概率。为了支持这个行业,美国联邦政府每年至少花费 20 亿美元资金给各大高校的创业课程提供经费并支持当地的创业生态系统;而这 20 亿美元很有可能是一个被低估的数字,实际金额太过模糊,无法准确量化。

然而事与愿违。大量无可辩驳的证据表明,美国联邦政府、州政府和当地政府给这些机构提供的巨额资金并没有发挥作用。事实上,确实有人遵循上述方法去创业,但得到了与预期相反的结果。商业计划书越写越好,当地生态系统也越建越好,初创企业的数量却持续下降。

1980 年以来的数据显示,美国每年约有 70 万家新企业成立。然而,当这种明确提出要增加创业者数量并提高其成功概率的说法甚嚣尘上时,初创企业的数量就开始下降了。证据表明,这两者之间有着毋庸置疑的反比关系。讲授创业规划的教授越多、风投资本越多、与孵化器相关的本地化生态系统越多,初创企业数量就越会持续下降。

2016 年,美国的初创企业数量不到 50 万家。

此外,自 1992 年开始,美国初创企业倒闭的比例却始终保持不变。也是从这一年开始,我们有了关于初创企业倒闭率的可靠数据。从 1992 年到现在,在所有初创企业当中,约 25% 没有撑过第一年,约有 50% 的企业在成立头 5 年里宣告破产,只有不足 20% 的企业在创业 10 年后还活着。我们想集中更多资源鼓励和支持创业,然而,初创企业却越来越少。这种"回旋镖效应"难免让我们得到这样一个结论:我们正在做的事情不仅仅是一种误导,而且完全是有害的。

## 哪里出了问题?

首批开设创业课程的教授们认为,制订商业计划和营造创业生态系统是提高创业成功率的必要条件。现在回想起来,难怪他们会错得如此离谱了。每当人们第一次尝试解释新兴领域中所包含的复杂社会现象时,总是会出师不利。例如,20 世纪 30 年代,经济学还是一门年轻学科,许多经济学家从生物学角度解释经济大萧条(Great Depression)的成因。他们说,美国经济已经非常成熟,不会再有快速增长的空间,他们怎么知道经济不会继续增长呢?那时候根本没有可以测量经济增长、就业、收入或价格的历史统计数据。几十年后的今天,实证经济分析学才逐渐成形,我们才学会用电脑和精心设计的经济预测模型分析时间序列数据。

当大学生们迫切地想了解如何创立令人兴奋的新企业时,他们的导师手里除了一些大企业早年如何崛起的案例以外,便没有其他任何可以阐释创业奥秘的信息。即使在今天以数据为驱动的世界里,美国联邦政府对于每年新成立企业的数量也仍然缺少精确数据。2006 年,考夫曼基金开始对初创企业进行持续调研。随着时间的推移,这些调研使我们找到以事实为依据的方法,为未来的新企业提供支持和鼓励。

但是,在数据缺失的情况下,以默认的计划模型来指引创业者的做法并不合乎常理。计划流程已经受到了人们的质疑。

20 世纪 70 年代,以色列科学家丹尼尔·卡内曼(Daniel Kahneman)和阿莫斯·特维斯基(Amos Tversky)提出了他们所谓的"计划谬误"理论。简单地说,他们的调研得出一个结论:人们在做计划的时候,会产生一种特有的乐观感。卡内曼获得了 2002 年诺贝尔经济学奖,一部分原因是他对于如今所谓的"行为经济学"有着深刻理解。按照行为经济学的理论,当屈从于变化无常的市场行为时,理性计划模式就会显得虚弱无力。

罗伯特·布鲁纳(Robert Bruner)曾对几十年前的企业并购案做过分析。可以想象的是,在合并成功之前,这些交易必定经过了极其复杂的商业规划。布鲁纳的分析结果验证了哈佛大学经济学家阿尔伯特·赫希曼(Albert Hirschman)的发现,即大约 80% 已经付诸实施的计划并没有达到原定目标。布鲁纳的研究表明,80% 的"大鱼吞小鱼"并购案并没有给大公司带来预期收益。这种对于高质量分析报告和商业计划实效的分析同样适用于其他相关领域。例如,我曾对大学商业计划竞赛的获胜者进行过分析,结果得到了一个更糟糕的纪录:在我进行研究的那 5 年时间里,不到 1/8 的获奖企业创立成功;而在这些企业当中,能够撑过 3 年者不到 1/10。

事实证明,就增加初创企业数量而言,创业生态系统的作用比商业计划书强不了多少。尽管美国的 200 多座城市已经专门划分出一些区域,将其定为"创业示范点",但并没有确凿证据表明,如果没有建立这些示范点,当地生态系统是否能催生更多创业者。唯一可以确定的是,在过去 20 年里,在 236 家得到当地政府公开支持的风投基金当中,只有一家基金给予了其纳税人投资者正收益。

尽管鲜有成功案例,但现行的两段式商业计划书依旧专注于获得风险投资者的财政资助和发挥当地生态系统的杠杆作用。然而,在这样一个让80%的初创企业遭遇滑铁卢的系统面前,创业者们似乎从未想过让创业变得更顺畅、更快、更稳定,这确实是件吊诡的事情。

## 你是一名创业者吗?

事实上,在教授创业的课堂上,你永远无法找到与创业相关的四个重要问题的答案。

第一个问题就是:你是一名创业者吗?假如拿这个问题去问创业学教授、专业投资人或成功的企业家,很可能会触发一场没有结果的讨论。他们会争论创业者是"天生的"还是"后天塑造的";也就是说,创业者是否与生俱来地具备某种特殊才能?或者在创业过程中受到环境的熏陶,培养出了创立成功企业所需的技能?有些专家提出,创业者比普通人更愿意冒险,这种观点毫无帮助;还有些人则言之凿凿地说,创业者比一般人更谨慎,更深思熟虑。

那么,你如何才能确定自己是不是一名创业者?首先,你要了解创业者是干什么的,这样你才能真正理解其本质。创业者是这样一个群体:他们靠某个创意成立一家追求利润的、可扩张的企业,以满足客户对于新产品或改良产品的需求;这些创意可能是创业者自己想出来的,也可能是他们模仿、改进或租借而来的。

要界定创业者的身份,首先要看他们的行为,而不是他们的意图或志向;因此,只有通过亲身经历,才能知道什么是创业者。没有创过业的人不会真正了解创业者。只要研究一下上述定义的三大元素,你就能知道自己是否真的想做创业者所做的事情。

初创企业必须有十分新颖的产品或服务，或者市场认为它比现有的产品或服务更优质，从而加大市场需求。如果你是一名革新型创业者，你会为自己的新公司提供创意。但是，绝大多数创业者本人并不为自己的企业提供创意；相反，他们发现了某种市场需求，然后根据这种需求提供更优质的产品、服务或业务流程，或者租借、购买另一名创业者的创意。

其次，创业者成立企业的目的是盈利。他们不仅要赚取眼前的利益，还要看到自己公司的股权价值在未来持续增值。盈利的初创企业对我们的经济至关重要，初创企业是国家经济增长的主要源泉。那些成立不到 5 年的企业创造了大约 80％的全新工作岗位。你还会看到，创新会带来更多创新，我们许多具有创造性的快速成长企业孵化了更多初创企业。

追求增长是初创企业的第三个典型特征。除了政府以外，任何组织的经济价值和健康的表现就在于该组织在不断扩张。每一位创业者都想"改变"自己的企业，让它变得更大、更好，增速更快，获得更多收益。有些创业者安于现状，只想拥有一间发廊，成为一名自由摄影师或者创造独特工艺品的吹玻璃工匠；对他们而言，本书没有太大帮助。我们的社会不乏天才，他们通过自己的努力为客户提供满意的产品和服务，但我们不应把他们视为创业者。有些人只想开个小店，为艺术家和工匠们提供产品，根本没有开分店的野心。相比之下，迈克尔·杜佩（Michael Dupey）就有抱负得多，他在 1976 年创立了迈克尔手工艺品商店（Michael's Arts and Crafts），如今已经在全国开设了 1200 家分店。创业者天生就是那种想创立大企业的人。

## 你是哪种创业者？

第二个要考虑的问题就是：你是哪种创业者？要知道，创业者的形象如今主要是由高科技初创企业塑造的。在这些企业当中,创业者首先被视为革新天才。革新型创业者是以他们发明的技术为基础创立企业的。

但是,其他类型的创业者获得了更大成功。大约15%的新企业是由那些发现自己处于"兔死狗烹"状态的企业员工创立的。这些员工所在的公司认为某项业务不在其核心使命范围之内,或者不值得追加投资以取得真正的成功和规模,于是决定放弃这项业务。还有些员工提出了一些他们认为会改善企业未来业绩的想法、产品或服务,企业却对此不屑一顾,员工在失望之余只能自立门户,把自己的创意变成一门生意。还有一类人被称为"探索型创业者",他们通常是在大学里任教的科学家,通过自己多年的科研工作产生了一些新创意,于是用这些创意创立了伟大的企业。这两种创业者在5年内成功的概率约为40%。

按照威廉·鲍莫尔(William Baumol)教授的说法,80%的创业者都是属于"复制型"的,他们善于复制(通常是在复制的基础上加以改进)现有的成功创意,从而创立快速增长的成功企业。他们创业的初衷并不是把自己的创意以新产品的形式推向市场,这类企业在成立之初多半是特许经营机构(数量约占40%);换言之,这些企业的创始人从其他创业者那里购买或租用经营理念,因为这种理念需要建立一个由创业者组成的网络,才能实现规模化经营。诸如假日酒店(Holiday Inns)、吉米·约翰(Jimmy John's)连锁餐厅、唐恩都乐(Dunkin' Donuts)连锁餐厅等著名特许经营企业的所有者很少经历失败,在他们创业十年内,有90%以上的企业存活了下来;而无论是新的特许经营品牌还是早已成名的品牌,在5年内的平均存活率大约为30%。

剩下的20%初创企业本质上也是属于复制型的,它们大多是独立的零售企业,出售的产品五花八门,大至汽车维修服务,小至服装拉链。这种企业老板被称为"零售商型创业者",他们看到市场需要某种新产品,或者看到了一种更好地推销和出售现有产品的方式,于是去创业做这件事。杰克·奥尼尔(Jack O'Neill)

来自加州圣克鲁兹市(Santa Cruz),早年热衷于冲浪运动。机缘巧合之下,他开始尝试用氯丁橡胶制作保暖防水外套,这样,他就能在海水较寒冷的区域冲浪。最终,他成功发明了世界上第一件防寒潜水衣,并开了一家店来销售该商品。1980年,约翰·麦基(John Mackey)在一家社区食品合作社工作,当时,有机食品只是反主流文化的老嬉皮士们所推崇的食物。麦基想到了一个办法,他要将有机食品推销给更广泛的人群。他决定创立一家企业,以那些关注食品来源的年轻消费者为目标消费群体,全食超市(Whole Foods)便应运而生。从本质上说,全食只是一家零售商店,但它却以一种截然不同的方式销售商品。

如今,人们对于"创业"的定义是以高科技创新者为中心的,而这样的定义几乎忽略了那些"开店"的创业者,其中一个原因在于街头小餐馆、健身房、精品服装店等非连锁商店的倒闭率仅次于硅谷的革新型创业者的创业失败率,只有不到30％的商店在开业5年后能够存活下来。但是,像亚马逊创始人杰夫·贝索斯(Jeff Bezos)和家得宝(Home Depot)公司创始人伯尼·马库斯(Bernie Marcus)所开设的商店寿命却长得多,而家得宝公司也改变了园艺五金工具、油漆、木材、灌木和树木的售卖方式。这些商店不仅给客户提供了更好的购物体验,也使产品和服务通向更广阔的市场。

贝索斯和马库斯展现了另一种成功创业的方式。你既可以选择成为特许经营商,购买成熟的商业模式;也可以自己开一间店铺,成为独立的商家。无论你选择哪种创业方式,都有可能在此过程中成为革新型创业者。商业的本质就是以创造性的手段解决问题。每一个创业者都想方设法使自己的产品变得更好、更快、更便宜,让自己的商店吸引更多客户,更高效地运营,提升效益,并创建一个更加成功的企业。

### 如何取得成功？

前面已经说过，80％的初创企业会在成立 10 年内倒闭。有鉴于此，任何人若想成为创业者，要考虑的一个最重要的问题便是如何避免失败。成功的创业者似乎有以下三大共同特征，你符合这些特征吗？

成功创业者的第一个特征是，至少从表面上看，绝大多数创业者在建立企业之前准备了很长一段时间，而许多成功的企业家事后回忆起自己的创业经历时也提到了这一点。许多企业家在散文中回顾自己的创业决定时，都会暗示说当初只是突发奇想或受到上帝的启示；然而，绝大多数企业家都有一种直觉，他们知道自己在采取实际行动之前就已经成为创业者了。许多刚刚崭露头角的创业者就像是公司的首席执行官，他们在 20 年前就进入公司管理层，而且几乎在下意识地准备成为高管。早在创业的野心显露之前（有时候，就连他们自己也不太确定自己是否要创业），他们就用心地观察企业的决策过程，站在老板的角度考虑问题，并设身处地地寻找解决方案。

谈起自己的创业经历，理查德·布兰森（Richard Branson）说那是一个美丽的"错误"。他说，他之所以给自己的第一家唱片公司起名"维珍"（Virgin），是因为他对做生意一窍不通。① 事实上，早在高中时代，布兰森就已投身唱片行业了。经过多年的摸爬滚打，他已经掌握了唱片行业的运作规律，他知道如何才能更好地录制唱片、如何给艺术家支付工资以及如何推广音乐。简而言之，在创业之前，布兰森就对这个行业形成了全面的看法，他要做的便是彻底改变这个行业。对于如何才能采用一种截然不同的方法经营唱片公司，他心里一清二楚。

---

① Virgin 在英语中还有"毫无经验之人"的意思。——译者注

成功创业者的第二个特征就是具备某种弹性思维，即在保持"创立成功企业"这一清晰目标的同时，还懂得因时制宜，随机应变。即使投资人固执己见，不愿意改变他们的投资方向，迈克尔·莱文还是从中发现了新的机遇。优秀的创业者更愿意抓住机遇并改变现状，在他们看来，商业计划缺乏弹性。

事实证明，无论如何精心规划，初创企业总会成为技术革新的平台，这种情况是令人意想不到的。亨利·福特（Henry Ford）的前两次创业均以失败告终，因为他的汽车制造厂每次只能造一辆汽车，导致产品价格高昂，销路不畅。在深感沮丧之后，他想到了借鉴肉制品行业的流水线生产方法。当数百家依旧致力于传统汽车生产方式的竞争企业逐一倒闭时，福特的新公司却开始蓬勃发展。

成功创业者的第三个特征便是渴望建立大企业。一个多世纪前，负责设计芝加哥美丽滨海区的城市规划师丹尼尔·伯恩罕（Daniel Burnham）曾说过一句名言："不要制订小计划，因为它们无法让人血脉贲张。"每一位创业者都要面临经济方面的抉择：你可以通过创业大幅提高自己的收入和积累财富的能力吗？由于初创企业的失败概率非常高，即使在那些成功概率最高的企业里，每一位潜在创业者也必须考虑一个问题：一旦创业，他们下半辈子都可能拿着不高的收入，个人资产远不及那些选择继续为企业打工的人。这样的现实既残酷又充满风险，让人难以抉择。

有鉴于此，每一个有志成为企业家的人在创业之前都应该三思而后行。如果他们所梦想的企业无法形成规模，那该怎么办？如果他们对于管理和培育企业不是真正感兴趣，那又该怎么办？企业规模越大，它就越有可能生存下来并茁壮成长；企业越大，风险就越小，因为大企业积累了许多资源，可以利用这些资源进行持续创新，从而击败和吞并新的竞争对手。

规模也是提升效率的基础，而在企业中，效率会带来更多利润。举个例子：山姆·沃尔顿（Sam Walton）从创立沃尔玛公司那一刻起，数百万美国人的生活就此发生了改变。在此之前,他发现美国的穷人,尤其是偏远地区的农民买不到优质的产品,却花了大价钱,于是他想开一家店,为这些穷人提供更好的商品。沃尔顿的最大革新之处在于他控制住了公司的供应链,使产品从制造商的工厂直接运到沃尔玛超市的货架上;而供应链也正是沃尔顿一直捍卫的东西。他要迅速扩大企业规模,提高沃尔玛的运营效率,以低于竞争对手的价格向顾客提供更优质的服装、电视机和各类杂货。我们现在知道,沃尔顿当初发起了一场价格革命,他迫使竞争对手降低一系列消费品的价格,美国消费者无论在沃尔玛还是其他超市购物,每个家庭每年都可以节省 630 美元。

## 创业机遇会出现在你面前了吗?

接下来,你将会看到很多创业者,他们都不是来自硅谷。他们当中有些人确实有点天赋,但绝大多数创业者都是凡夫俗子,跟你有着相似的教育背景和工作经历。在这些创业者中,只有一个人创业时不足 30 岁,而大多数人都经历过创业失败;5 位创业者制订过商业计划,其中一位创业者在计划书中描述的商业模式成功了,不过,当时他的产品已经完成测试并准备上市,而他需要的是启动资金。

无论是过去还是现在,这些人都有着独特的理由迈出在绝大多数人看来充满风险的一步,但他们也知道,创业这条路会改变自己的人生轨迹。当崭露头角的创业者们认为把生命贡献给创业所获得的回报大于潜在风险时,创业的时机便成熟了。这些创业者都没有把创建公司当作自己的职业生涯目标;相反,这是水到渠成的选择。

接下来,我们将要听到很多故事,而这些故事真正有魅力之处在于人们为什么想成为创业者。如果你创业成功了,就可能腰缠万贯甚至声名鹊起;更重要的是,你的幸福感可能会更强。大约一个世纪以前,亚伯拉罕·马斯洛(Abraham

Maslow)对人类的幸福感进行研究之后得出一个结论：倘若有人发明了一个能够满足人类需求的新方法，并且发现自己的新方法在市场上得到了重视，他们就会产生一种他称之为"实现自我抱负"的满足感。创业者逐渐意识到，最大限度地利用自身经验、技能和学识的方式就是创立新企业。他们似乎认为这才是真正发挥自身才华的方式，只有创业才能实现更高的人生目标。

2013 年的一份全球调研报告指出，成功的创业者是世界上最幸福的人群之一。用自己创造的东西改善数百万人的生活，或者只是让他们的生活变得更有趣，就是创业者们愿意承受未知风险的原因。如果你命中注定会成为一名创业者，你不仅要知道如何取得成功，还要知道如何避免失败。接下来，你将遇到一些为自己选择创业之路感到自豪的良师益友，他们会告诉你这两个问题的答案。

# 第二章　创业者须知的十二件事

在我的职业生涯中,我曾经担任过一家医疗保险公司的首席执行官,而这家公司是一家跨国大企业的分支机构。它是我人生当中最令人失望的一份工作。当时我认为,我们可以通过新的技术手段来改变医疗保险行业,比如分析各种数据、推动新的保险和索赔流程等,从而为客户提供更优质和简化的服务,并更妥善地处理与医院和医生的结算方式。然而经验告诉我,过往的成就往往是创新的敌人。母公司的主席再三告诫我:"千万别捣乱,你现在管理的可是我们最赚钱的子公司,只要按部就班就行了。"

最终,我辞职创立了一家风投公司,专门为那些具有发展前景的医疗信息和风险管埋初创企业提供创业资金。不久,我开始为大企业和硅谷的创投基金物色那些具有创新意识的小公司。我曾经当过研究员,也许正因为如此,我对一个问题感到非常好奇:初创企业及其创始人是否具备某些可以预测其成功或失败的明显特点或特征?风险投资家言之凿凿地称,只要看过商业计划书或者与创业者进行交谈,他们就能分辨出哪些想法是有价值的。我问他们:那你通过什么样的标准来判断创意的好坏呢?他们往往会给我一些标准化的答案。他们最常用的一个方法就是问创业者:"贵公司的产品比得上阿司匹林吗?"言下之意就是,该产品是否能解决现有问题?还是它是在制造问题?

后来，我加入了另一家著名的创投基金，成为这家公司的有限合伙人。我发现了一个令人感到困惑的现象：经过多年的发展，创投基金的投资成功率依旧徘徊在 10％的水平；它们所选中的初创企业中，大约 50％～60％很快便关门大吉，少数幸存下来的企业则变成"僵尸企业"，它们无法发展扩大，却暂无倒闭之忧。市面上有许多关于如何成功创业的书籍，但里面的建议都是老生常谈，比如"不要随意改变商业计划""与投资人保持沟通、讨他们欢心""了解你的客户""善待员工"等。

作为一名经济学家，好奇心促使我不断寻找问题的答案。在经营自家企业的同时，我还找了份无薪兼职工作——在一所大学的商学院里担任"驻校创业教授"。来找我征求创业建议的学生告诉我，以前的老师是这样教他们创业的：简单地说，创业就是写一份商业计划书，然后把创意卖给风险投资家。根据我自己过往充满坎坷的创业之路和其他创业者的成功经历，创业并没有这么简单。我找到商学院的系主任和其他创业者，详细探讨了这个棘手的难题。因此，当机会来临时，我的研究员本色便显露出来。我想了解清楚成功的初创企业究竟是靠什么成长和繁荣起来的。

在考夫曼基金公司，我有幸遇到成千上万名创业者，并且向他们讨教创业经验。在每次互动沟通中，我都会问他们一个问题：从创意到创业的过程中，他们学会了什么？从创业成功和失败的挫折当中，他们又得到了哪些最重要的经验教训？

大部分创业者都经历过曲折和坎坷：客户突然销声匿迹、被人拒之门外、找不到融资渠道、遭受竞争对手的沉重打击、被所谓的专家冷嘲热讽，更别提风餐露宿、岳父母反对、错过家人的芭蕾舞表演、没有假期以及无数个辗转难眠的夜晚。有些创业者在讲故事前往往会先说一句："如果我早知道是那样的话……"有些创业者做出了艰难的抉择，挽狂澜于既倒，最终走向了成功。我还从自己所经历的成功、失败和挫折中学到了不少东西。

以下创业原则来自许多经验丰富的成功创业者。

## 实践出真知

尤因·考夫曼用自己的财富成立了考夫曼基金，并给我们留下了许多关于创立企业的文章，这些文章发人深省，有时候甚至晦涩难懂。他认为，创业是学不来的，商业计划书起不到太大作用。在考夫曼看来，某些企业取得成功的关键因素不一定适用于其他企业。曾有人问他：创业成功的秘诀是什么？据说他是这样回答的："只有创业以后，你才知道创业是怎么回事。"用赫拉克利特（Heraclitus）的话来理解考夫曼的文章，那就是每一次创业都是艰难的，因为不会有两个创业者迈进同一条"河流"中。老话说得好：纸上得来终觉浅，绝知此事要躬行。

考夫曼很清楚，要顺利进入一个成熟行业，就得另辟蹊径，他也因此创立了史上最成功的制药企业之一。他的诀窍就在于重视销售，重视科技与制造之间的关系，并且把掌握客户关系视为公司发展的重中之重。正当竞争对手纷纷建立巨大的实验室时，考夫曼从其他公司获得特殊授权，开始生产新型的非处方药；而当他的绝大多数竞争对手直接向病人推销非处方药时，考夫曼却绕开消费者，专注于雇用和培训销售人员，让他们与医生、药店和药品批发商培养相互信任的个人关系和专业关系。

与考夫曼一样，史蒂夫·乔布斯也决定采用一种与竞争对手截然不同的销售手段。当时，绝大多数电脑公司都通过授权的零售渠道销售产品，但乔布斯却另辟蹊径，开设了苹果专卖店。他认为，苹果公司可以为顾客提供更优质的服务，并且更好地了解顾客对苹果产品的需求，因为他们只能从苹果专卖店购买产品。在与顾客交流的过程中，乔布斯积累了大量经验，使自己的产品变得更人性化、更持久耐用、外观更漂亮。到苹果专卖店购买产品的顾客都成为乔布斯的忠实粉丝，每当苹果有最新产品面世，他们都会争相抢购，有时候甚至在专卖店外面整夜露宿，就为了在第一时间买到苹果的新品。

美国有史以来最成功的电视营销企业创始人特德·法恩斯沃斯（Ted Farnsworth）曾对我说过，他认为成功的企业家可以归结为一个简单的公式："新企业只需做一件事，那就是设计一款新产品并展示在公众面前。然后，你只需要解决两个重要的问题：有顾客需要这款产品吗？他们会花多少钱买你的产品？"他继续说道，"作为一名企业家，我总是不断重新思考这些问题的答案。对我来说，经验是唯一的老师。"

## 创业非儿戏

人们对创业者有着一套刻板印象，即一个人如果在 30 岁之前没有创立一家声名显赫的公司的话，那他这辈子就不太可能创业了。这种观念是怎么形成的呢？它其实是创业的"莫扎特效应"（Mozart Myth），即每年都有一两名不到 20 岁的年轻人创立了引人注目的企业，引发了公众的关注，"创业要趁早"的观念也就因此逐渐根深蒂固了。成立于 2010 年的在线支付企业斯特莱普（Stripe）公司创始人帕特里克·克里森（Patrick Collison）和约翰·克里森（John Collison）兄弟都是在 20 来岁的时候从大学辍学并成为百万富翁的。这是一个很了不起的创业故事，我要恭喜克里森兄弟，但他们不能代表未来的创业趋势，甚至不能代表新产品研发的大方向。这样的创业者实属凤毛麟角，他们就像是宇宙中的超新星，璀璨无比，但非常罕见。

然而，现实情况与理想是有差距的。考夫曼基金会最初收集到的数据表明，大约有一半的企业家从未上过大学，而且绝大多数企业家是在原本的职业生涯发展顺利时才开始创业的。企业家创业时的平均年龄接近 40 岁,而超过 80％的新公司都是由 35 岁以上的创业者建立的。

绝大多数企业家在创业时已经人到中年,不仅如此,高龄创业的趋势变得越来越明显。20 年前,25 岁至 35 岁创业者所建立的公司数量几乎是如今的两倍。现在,45 岁至 55 岁创业者的数量大于其他年龄组。有趣的是,年龄在 55 岁以上的创业者所建立的公司数量,要多于年龄在 35 岁以下的创业者。最重要的是,企业家创业时的年龄越大,企业获得成功的概率就越高。

绝大多数创新都是由年长者完成的。而相比之下,年轻的创新者在某些领域拥有一些明显优势——他们更精通尖端科技,而且不受各种文化传统的约束。举例来说,处于职业生涯中期的中年人旅行时可能不会考虑在陌生人的屋里过夜。因此,假如爱彼迎公司(Airbnb)是由 40 岁以上的中年人创立的话,那简直不可想象。

## 企业是最好的大学

本书所提到的企业家在创业之前都曾为知名企业工作过,只有一个人例外。比如:考夫曼曾做过药品推销员,乔布斯曾在阿塔利公司(Atari)工作过,而他的联合创始人史蒂夫·沃兹尼亚克(Steve Wozniak)则是惠普公司的员工。在另立门户之前,他们在其他企业的平均工作时间约为 15 年。

任何有创业志向的人都应考虑在大公司工作一段时间。大公司不仅给你支付工资,还给你提供了学习的机会,这似乎违背常理,但却合情合理。不妨想象一下,一个具有敏锐观察力的员工能在大公司里学到什么东西?大公司是如何制造和测试产品的?产品的定价要素有哪些?大公司是如何制订商业计划并检验其有效性的?如何根据法律法规组建员工队伍、向员工支付工资并管理供应链?如何评估公司对于设备和设施的需求？管理层如何从过去的错误（或成功经历）中汲取教训或经验,调整经营方向（或固守原定策略）,以满足不断变化的市场需求？大公司又是如何创新的？

有些大公司是名副其实的官僚机构,但有些大公司在创新方面足以媲美我们最优秀的科研型大学。这些公司的管理层决定以创新实现增长,它们既可以通过企业文化有意识地从内部鼓励员工创新,又可以从公司外部引入创新,比如收购成立年份较短、规模较小的企业。以成熟基金公司或资产管理公司为代表的股东们也通过大企业的创新"渠道"来判断其价值,它们拥有驱动创新的影响力,若这些大企业增长缓慢或停止创新,股东就会明确表示不满,并对其进行惩罚。

很早以前,经济学家、创业领域的权威作家约瑟夫·熊彼特就明确指出:创业者是大公司的威胁。熊彼特将大公司称作"在位企业",他认为,这种企业规模实在太大,它们的产品通常会左右整个市场,从而忽略了迅速发展的技术,无法满足不断变化的客户需求。灵活的初创企业应时而起,为消费者提供更优质的产品和更迅捷、更廉价的服务。按熊彼特的说法,这些初创企业对大公司实施了"创造性毁灭"。

"创造性毁灭"的例子有很多,其中一个案例便是 IBM 公司。曾几何时,IBM的主机电脑风靡市场,但微软和苹果接连推出个人电脑,逐渐取代了主机电脑产品,导致 IBM 濒临倒闭。百视达（Blockbuster）公司则是另一个案例,由于忽视了来自竞争对手网飞（Netflix）公司的威胁,百视达只能吞下破产的苦果。类似的故事促使管理者的思维产生革命性转变。在过去的 30 年里,大公司一直都是许多尖端科技的发源地,它们的专利发明成倍地增长。

这正是大公司欣然接纳初创企业的原因之一。有时候,大公司愿意与小公司培养一种共生关系,因为它们想从中物色创新者。20 世纪 80 年代,与那些被大公司收购的小公司相比,由风投资金支持的初创企业成功上市的概率高 13 倍。

但是,风水轮流转,时至今日,这一概率仅为 7 倍。

我们稍后将会看到,许多创业者认为,过往在大公司工作的经历是他们取得成功的关键。最重要的是,他们学会了大公司的企业文化,了解到大公司是如何更好地服务客户并满足客户不断变化的需求,而且知道大公司存在哪些不足之处。

## 上大学时选好专业

我要告诉大家一个事实:对于有志成为创业者的大学生来说,最能够学以致用的一门学科就是工程学。排名第二的则是任何一门自然学科,比如:化学、生物学、物理学和计算机科学。在大学里,工程学的教学注重解决日常生活中存在的实际问题。见习工程师就像是外科住院医师,在实验室里与教授共同探索新问题,想出一些实用的点子去解决问题,并验证这些点子的可行性。想想看,光是麻省理工学院一所高校的教职工和毕业生(绝大多数是工程师和科学家)创立的企业所创造的销售总额就足以成为世界第 17 大经济体。

许多工程院校把带薪实习课加入本科生必修课程当中,这些院校包括辛辛那提大学(University of Cincinnati)、康奈尔大学(Cornell University)、德雷克塞尔大学(Drexel University)、佐治亚理工学院(Georgia Institute of Technology)、东北大学(Northeastern University)、普渡大学(Purdue University)以及南加州大学(University of Southern California)。该模式要求学生在完成学业的同时定期到企业做全职员工。备受尊崇的美国发明家迪恩·卡门(Dean Kamen)和通用汽车公司(GM)现任首席执行官玛丽·芭拉(Marry Barra)在凯特林大学(Kettering University)读书时就是工读生,而这所大学正是由通用汽车公司在 1926 年成立的,其宗旨在于为汽车行业培养未来的工程师和高级管理人员。

无论创业者具备什么样的专业知识和经验,他们很少有人既明白新产品的必要性,同时又懂得如何调动资源开发新品。要想成功创立一家企业,创业者必须有能够用于创新的知识。没有这些知识,就无法把这两者结合在一起。我在读高中的时候学过拉丁语,老师经常提醒我们,记单词虽然是件烦人的事情,但我们还是要忍受下去,因为按她的说法,"工欲善其事,必先利其器"。学习拉丁语是为了翻译拉丁语,而如果不知道单词的含义,翻译也就无从下手了。

理工科学生还要学习如何以书面和口头形式准确、简洁地阐述自己的工作,因为这些学科要求记录结果和展示过程。虽然人们都知道,绝大多数工程师不太可能成为文学巨匠,但经过专业训练之后,工程师必须善于沟通。良好的沟通能力对创业者来说是一项宝贵的财富。

## 优秀企业不是一蹴而就的

当然了,在媒体铺天盖地的报道之下,许多创业者都梦想着创立像照片墙(Instagram)或瓦茨普(WhatsApp)这样的成功企业,前者仅仅成立 18 个月后便以 10 亿美元卖给了脸书公司,而后者在成立 5 年后被脸书以 190 亿美元收购。事实上,一般初创企业并没有这么好的运气,你现在已经知道,绝大多数初创企业不仅没有让它们的创始人变得富有,反而很快就破产了。

统计数据表明,创立一家成功的企业是需要时间的。成功企业的创始人在回顾自己的创业生涯时,有些人会坦承他们当时并不清楚自己在做些什么,或者不知道自己要带领企业朝哪个方向发展。这个观点非常重要,因为它让我们从不同的视角看待创业。其实,每一家初创企业都在苦苦寻求一款可以大卖的产品,但这样的产品需要经过不断的更新换代,并经受住市场的严酷考验。许多立志创业的人认为,创业离不开一个好的创意,而事实上,成功的创业者知道,他们最初的想法很少能使自己的企业取得成功。初创企业要想生存下来,就得像大公司那样持续不断地改进自己的产品。

谷歌公司就是一个绝佳的例子。在成立之初，它只是搜索引擎行业当中的沧海一粟，当时市面上已经存在着易赛特（Excite）、网络爬虫（Webcrawler）、阿塔维斯塔（Altavista）、搜信（Infoseek）和雅虎等大名鼎鼎的搜索引擎。除了雅虎之外，如今你还认得出其他几个搜索引擎吗？许多观察家对谷歌压根不屑一顾。后来，谷歌创始人拉里·佩奇（Larry Page）和谢尔盖·布林（Sergey Brin）聘请了一名职业经理人埃里克·施密特（Eric Schmidt）担任公司首席执行官，施密特又聘用了哈尔·瓦里安（Hal Varian），直到这时候，谷歌才找到了盈利模式。作为加州大学伯克利分校的经济学教授，瓦里安发明了一种算法，帮助谷歌策划出精准定位广告。这款产品的商业竞争力促使谷歌迅速崛起，成为搜索引擎行业的龙头。

为了让公众投资者相信自己，谷歌足足花了 7 年时间。同样地，许多我们认为一夜成名的企业通常要用 10 年时间开发产品，而这些产品最终成为这些企业的招牌商品。GoPro 在市场上苦苦耕耘了 12 年，确立了稳固的行业地位，这才让公众投资者对它的产品有足够信心。为了做到这一点，微软和甲骨文用了 11 年时间，亚马逊则用了 10 年时间。绝大多数企业平均要花 14 年时间才能获得丰厚的销售收入，从而引起公众投资者的关注并购买其股份，然后走上上市之路。

这些例子表明，大多数创业规划中"快进快出"的立场是站不住脚的。事实上，成立 10 年之后，绝大多数初创企业并没有向公众出售股份或被大公司收购，其所有权仍牢牢掌握在创始人手里，许多初创企业还推出了一系列产品和服务，并且为它们的创始人挣了不少钱。从 2006 年到 2016 年，平均每年只有不到 100 家企业首次出售股份；而就在这 10 年间，平均每年也只有不到 100 家初创企业被大公司收购。把这两个数字结合在一起，我们不难发现，投资人希望在商业计划书中看到的"退出策略"多半是空想。只有不到 0.005％ 的创始人在初创企业获利后选择退出，占比极小。

人们普遍认为，创业者成立企业的目的是尽快把它们卖掉，然后继续创业，成为传说中的连续创业家。但上述数据说明事实并非如此，这种关于创业者的观点实在是大错特错。绝大多数创业者毕生只成立一家公司，如果这家公司很成功，其创始人余生都会竭尽心力经营它，并把它打造成个人收入的来源和积累个人财富的手段。

## 风投资金并不重要

谈到制订商业计划书，也许最常被提及的一个理由就是风险投资者需要它；当然了，这个理由有一个假设条件，即每一家初创企业都需要风投资金。上述内容告诉我们，"退出策略"是商业计划书的最终目标，因此，有志于创业的人偶尔会开玩笑说，风险投资者是他们的"第一批顾客"。这种认知从一开始就是错误的，它引发了另一个同样错误的观点，即：如果投资人向一家初创企业投入资金，那这家企业取得成功的概率就会大增。该观点过分强调风投资金的重要性，反映出硅谷高科技企业的发展历程使公众对于创业者产生了美好的幻想。诚然，没有风投资金的支持，美国许多知名高科技企业也许永远无法从量变达到质变，但是，只有很少的非高科技企业获得过专业投资人的资金支持，它们甚至不需要这些资金。

非高科技企业很少会引起风险投资家的注意。总体而言，每年只有不到500家初创企业得到大型风投基金的支持，还有1000多家初创企业获得来自个人投资者的资金，这些投资者被称作"天使投资人"。但是，即使把风投基金和天使投资人所支持的初创企业加在一起，也只占全部初创企业的一小部分而已。2004年的一份调研报告显示，在美国增长最快的全球《财富》500强企业当中，只有7%——也就是35家企业背后出现过风险投资者的身影。

此外，与传统看法不同的是，来自专业投资人的资金并不能确保初创企业获得成功。风险资本支持的初创企业在成立头 5 年内存活的概率不足 50％，如果不把资金来源考虑在内，这一概率与任何新公司完全一样。实际上，在某些情况下，专业投资人会干涉企业运营，为初创企业的失败或倒闭埋下祸根。

值得庆幸的是，大部分非高科技企业所需资金比风投基金的平均每笔 300 万美元的种子投资额低得多。美国联邦政府发布的第一份官方《创业者普查报告》（Census of Entrepreneurs）（这项调研最初是由考夫曼基金资助的）表明，初创企业平均需要 5 万美元作为启动资金。绝大多数创业者用自己的积蓄甚至退休养老金为初创企业提供运营资本，16％的初创企业依靠个人信用卡贷款，12％的创业者以个人资产做抵押获取银行贷款，7％的创业者则求助于次级按揭贷款。开始运营以后，绝大多数初创企业都可以自给自足，通过营业收入实现增长。

## 每家初创企业都有一位首席执行官

20 世纪 80 年代，正当美国各大高校纷纷开设创业课程时，人们产生了这样一种想法：如果所有创业者能在一个共同的场所工作，相互交流想法、相互帮助、彼此激励，就会产生协同创造效应。随着"企业孵化器"的概念逐渐形成，创业过程便平添了几分社会化色彩。这在那时候普遍流行的观念上体现得尤为明显。当时人们认为，如果一家初创企业有两名或两名以上创始人，那它成功的概率就会更高。因成立了著名的创业加速器 Y Combinator 公司而获得广泛赞誉的创业家保罗·格雷厄姆（Paul Graham）认为，假如一名创业者没有联合创始人，那就表明"所有人对他的理念不抱任何信心"。还有些提倡联合创始人模式的人把理想化的联合创始人描述为工程师和心理医生的结合体，他们既具备创业所需的专业技术，也能够在创业出现挫折时安抚人心。

当下人们认为，只要两名创业者同心协力，便能打造一家更优秀的公司。然而,这种观点不过是老调重弹罢了,它可能源自史蒂夫·乔布斯和史蒂夫·沃兹尼亚克创立苹果公司时所需的平衡和协同机制。同样地,微软创始人比尔·盖茨和他的合作伙伴保罗·艾伦似乎也是完美的创业组合。贝宝(PayPal)公司则更加不可思议,它有6名"联合创始人",其中包括后来因资助脸书而名声大噪的彼得·泰尔(Peter Thiel)。

但是,假如我们从一个更现实的角度去看待新创公司发展史的话,我们会发现每一家企业甚至是那些宣称有多名创始人的企业,也都只有一位"主要创始人"。这个人所起的作用包括激发创意、首次提出公司的未来发展方向以及将团队凝聚在一起;他是公司前进的驱动力,没有他,新公司便无法成形。过去,绝大多数公司都是由个人单独创建的。特拉华州是美国注册公司的摇篮,凡是希望快速发展的企业,大部分都选择在该州注册。在那里,几乎所有注册公司都是由个人创立的。通用电气公司创始人是爱迪生,IBM 的奠基者则是托马斯·沃森(Thomas Watson)。威廉·波克特(William Procter)与甘保(Gamble)合伙成立了宝洁公司;50 年后,宝洁成为上市企业,但波克特一直都被公认为是宝洁的首席执行官。公众投资者通常不太喜欢联合首席执行官或共享管理模式,而更希望企业由单一管理者进行决策,该管理者主导着企业的日常运营,并对运营结果负责。投资人的这种做法是相当合理的。

事实上,硅谷投资人有点夸大了他们对于联合创始人模式的青睐程度。他们深知,单一创始人企业是更好的选择,因为经过 20 年的跟踪调研,他们发现单一创始人最终退出企业的概率远远高于联合创始人,风投企业获得的回报也就越大。联合创始人模式也许能带来令人愉悦和富有成效的协同效应,但现实情况在于,绝大多数风投企业坚持要求新创公司在组织架构图上只写下一位"真正"创始人的姓名,而这个人负责公司的运营管理,并带领公司走向成功。艾森豪威尔在第二次世界大战中率领盟军打败了纳粹德国,后来当选为美国总统。在绝大多数人眼里,他绝不是一个自私自利之人。实际上,很多人认为他之所以能够担任盟军最高统帅,指挥各国军队抵抗希特勒,是因为他具备极强的外交手腕和谦逊低调的作风。他经常征求其他国家将领的意见,而在这些将领当中,他认为有好几个人比自己更聪明、更善于运筹帷幄。但他也知道,想要赢得战争,光盟军高层达成一致是不够的,至少他个人无法做到这一点。只有所有人团结一致,盟国才有可能打赢这场战争。但整个盟军的指挥权必须授予某一个人。成功的企业离不开成功的掌门人,而每家企业通常只有一位掌门人。

即便在如今的高科技初创企业中,单一创始人也是这种公司能够存在的原因。曾帮助创立 PayPal 的埃隆·马斯克(Elon Musk)成为特斯拉(Tesla)公司的联合创始人,他拯救了这家濒临倒闭的公司,并对汽车及其生产方式进行了重新设计。马斯克还制订了一套全新的市场营销策略,并打算推行公私合伙模式,在全国各地建立充电设施。如今,他担任特斯拉公司的首席执行官和董事会主席。

与绝大多数创业者一样,马斯克想控制公司的命运。无论在哪个行业,“为自己工作”都是创业者们最常见的动机。他们认为,创业本身就是一件需要独自完成的事情,这种观念并非出于偶然。虽然创业往往看似一场疯狂的、高度社会化的活动,但在过程中,绝大多数创业者会对艾伦·西利托(Alan Silitoe)的著作《孤独的长跑者》(*The Loneliness of the Long Distance Runner*)所表达的精神产生共鸣。该小说讲述的是一名与世隔绝的少年犯在参加马拉松的过程中发现自我的过程,而马拉松恰恰是一项被称作“与自己赛跑”的运动。绝大多数创业者都意识到孤军作战的重要性。保罗·格雷厄姆虽然鼓励联合创业,但他也认为联合创业风险太大,因为“创始人之间的争端”是不可避免的,而争端正是企业失败的开始。

## 如果你创立了一家企业，你就是老板

每一名企业创始人都会发现，从创业那一刻开始，自己就变成了雇主。他首先要面对的挑战就是招聘人才。在成熟的企业里，管理者也许可以用所谓的生产资料、工厂和设备（包括机器人）取代工人，但初创企业有所不同，因为绝大多数初创企业相对来说都是劳动密集型的。在企业成立初期，创业者需要其他人帮他们把创意变成具体产品；此外，大公司的员工有偶尔犯错的余地，他们所犯的错误不会给公司带来明显伤害；相比之下，初创企业只要在人才招聘方面犯下一丁点儿错误，就有可能陷入万劫不复的境地。在这样的现实面前，创业者必须学会如何有效管理员工，而且必须要尽快学会这一技能。

大部分创业者凭直觉知道人才聘用的三大原则。第一个原则就是：与联合创始人一起管理员工队伍是件比较困难的事情。在决定公司需要员工具备哪些技能以及如何评估员工绩效的过程中，共同决策的弊端就会浮现出来。每当联合创始人开始探讨公司的发展战略和方向时，人事争端通常会成为比较大的分歧点。

其次，创业者往往想聘请自己的朋友，因为他们自以为很了解这些朋友。最让新上任的首席执行官们感到不安的是，抛开友情，他们其实并不太了解自己的朋友。雇主与员工不存在平等关系，雇佣关系跟友情完全是两码事。首席执行官有权力解雇任何一名员工，因此，他不可能与员工称兄道弟。尽管许多初创企业表现出非常友好、休闲和无等级观念的文化氛围，但这些企业的首席执行官比其他员工要承担更多风险和忧虑，他们深知企业的福祉才是自己最需要操心的事情。当曾经的朋友对公司再无战略价值时，解雇这位朋友就意味着友情走到了尽头。千万不要聘请自己的朋友当员工，更不要请自己的亲戚加入公司。我女儿曾经用高中朋友和合租室友的区别来总结这一原则。

最后,除非万不得已,否则千万不要用公司所有权(比如股份、期权或其他类型权益)作为补偿员工的手段。追求规模化的初创企业处于一种不断变化的状态之中,因此,企业每一名员工的相对价值也在不断演变。假如老板把初创企业所有权永久授予员工,而随着时间的推移,对于正在迅速发展的企业而言,这些员工可能会变得没有价值。由于所有权已经被赠予员工,企业在与潜在投资人谈判的时候会受到掣肘,缺乏灵活性。假如企业想为了一些新项目而招聘新员工,原有的股权激励机制甚至会给招聘工作添乱。有些创业者对员工非常慷慨,动辄以股权激励他们,这种做法很不明智。终有一日,他们会发现自己要与员工争夺公司所有权。毫无疑问,那天就是初创企业走向灭亡的起点。如果员工股权激励在所难免,那就应该花点钱聘请一名经验丰富的律师,让他制订合理的股权分配方案,尽量为企业主留下回旋的余地。

## 销量决定一切

杰夫·桑德弗尔(Jeff Sandefer)不仅是一家著名石油和天然气企业的创始人,还经营着美国唯一一所专门教授创业学的阿克顿商学院(Acton School of Business)。创业加速器的拥有者通常是富有的投资人,他们四处寻找有潜力的初创企业。与这种加速器不同的是,桑德弗尔不投资自己学生开的公司,也不靠经营商学院赚钱;如果学生没有创业成功,他甚至会全额退回学费。学院的主要经济来源就是学生缴纳的学费,而"创业不成即退款"的承诺充分反映出他"客户满意度至上"的道德观,因此,他一直密切注意学校毕业生的创业动向。随后的统计数据表明,桑德弗尔这种以销售为导向的创业教学法似乎得到了回报。63%的阿克顿毕业生会创建公司;最重要的是,毕业之后,他们等了足足两年才创业。在这段时间里,他们做了额外的研发工作,包括对市场进行了大量测试。

　　根据桑德弗尔的要求，每一名申请就读商学院的学生在入学之前要花 3 个月时间挨家挨户地推销产品。至于卖什么样的产品倒不是最重要的，他们既可以推销刀子，也可以卖真空吸尘器或冷冻肉。这段经历会让有志于成为创业者的学生们明白一个道理：销售是一项艰苦的工作。世界上几乎没有可以自我推销的产品，无论是哪一种产品，都需要销售人员去说服和推动顾客购买。对于正在接受训练的创业者而言，推销产品也是学习如何改进产品性能的最佳方式。从乔布斯为苹果公司量身打造的销售模式当中，我们便学到了宝贵的一课：与顾客多交流，认真倾听顾客意见，为产品设计和改良提供方向；顾客的建设性意见可以提升产品销量。

　　客户决定了初创企业的未来。我不止一次听到失败的创业者说自己的想法"太超前了"。他们把责任归咎于客户，但实际上他们从未赢得过这些客户的心。客户知道自己想要什么、需要什么或喜欢什么，他们也会让你知道他们最看重什么。只要想想你是否找对了市场，就知道你是否能满足客户需求。不妨回想一下我的第一次创业经历：当时我手里有大量的患者医疗支出和就诊结果信息，医院肯定会趋之若鹜，可在这些宝贵的资料面前，它们为何如此无动于衷？后来我才发现，医疗债券保险商才是我真正的客户，它们需要这些信息，而且愿意出大价钱去购买这些信息。直到这个时候，我才找到了把这门生意做大的市场。

## 身边要有敢于泼冷水的人

　　每个人都想为有志于创业的人打气鼓劲，就像一首西部牛仔歌曲《牧场是我家》（*Home on the Range*）的副歌里唱的那样："人们从不说泄气的话……"相比于陌生人，家人、朋友和慈祥的导师不太可能会跟你说实话。朋友和家人总是希望你取得成功，所以，就算他们潜意识里不赞同你的观念，也不愿意用质疑来打击你的热情。即使他们认为你的想法糟透了,也不会当面说出来,因为这样会影响你们之间的关系。他们可能是这样想的:万一你把这事儿弄成了呢? 我可不想泼冷水。

词曲作家比利·曼(Billy Mann)(我们稍后还会提到他)从不向朋友征求新歌的意见,因为他知道这纯粹是浪费时间。他说:"他们总会告诉你,这首歌是你写过的作品当中最出色的。关心则乱,朋友和家人是不会带批判的耳朵去听我写的歌的。他们早就有了先入为主的观念,认为我很有音乐天赋,无论写什么歌都会很好听。如果想了解市场对我所写歌曲的反应,那他们的评价毫无用处。"

智利前经济部长卡洛斯·马图斯(Carlos Matus)也持同样观点。他认为家人、朋友和内阁同事都是"雪中送炭的人",他们会给予他无私的帮助和支持。在有些问题上,为了倾听客观的、不带任何偏见的观点,马图斯通常会找那些直言不讳、敢于给他泼冷水的人。当你觉得自己的某个想法很好时,就很难听得进别人质疑的声音,但在这个时候,如果有人适当地给你泼一下冷水,你就会节省很多时间、精力和金钱。

## 创业就是为了赚钱

创立了维珍大西洋航空公司(Virgin Atlantic Airways)及维珍集团旗下无数子公司的理查德·布兰森曾经这样定义创业者:"他们纵身跃下悬崖,在坠落的过程中造了架飞机。"每个创业者对这一比喻的含义都有着切身体会。创业意味着中断原来的职业发展道路,用自己的存款去冒险,终日入不敷出,还有可能被家人和朋友不看好。把一个想法变成一家成功的企业可不是一件容易的事,创业者的内心必须非常强大。从创业起步到成败关头,这中间要经历很长一段时间,不是每个人都能忍受个中孤独、不确定性和得失取舍的。

正因为如此,赚钱就成了创业者的最大动力。如果你创业不是为了赚钱,那不如回家养老吧。盈利是企业生存的关键,赚到钱了才能谈发展、谈扩大规模,这是盈利企业的必经之路。如果你没有发现赚钱的机会,你还会创业吗?

当然,除了赚钱之外,许多企业家也想获得与金钱无关的或精神层面的回报。请想象一下,如果你创立了一家制药公司,生产出一种能够治疗绝症的药物,那将是一件多么有满足感的事情。包括比尔·盖茨在内的许多企业家都说过,他们创业的最大回报就是为人们提供了就业机会。所有成功的企业家都会告诉你,假如他们错失了创业的机遇,他们肯定会后悔一辈子。

很多人认为赚钱不应该被当作一个职业目标,因为这显得创业者唯利是图、自私自利。在 1987 年面世的电影《华尔街》(*Wall Street*)当中,迈克尔·道格拉斯(Michael Douglas)所扮演的戈登·盖柯(Gordon Gekko)曾有一句名言:"恕我直言,贪婪其实是一种美德。"在许多大学课堂上,这句电影台词一直扮演着"商业"一词的错误注脚。这段话一石激起千层浪,于是有人提出了"社会企业家精神"这一理念,成千上万家非营利机构如雨后春笋般拔地而起。现在,这些机构大部分被称作"非政府组织",简称 NGO。绝大多数非政府组织存在的目的是向那些经济条件太差、无法参与市场活动的穷人提供服务,这类做法过去被称作"慈善服务"。不出所料,社会企业家失败的比例非常高。

很多已经融入当地创业生态系统的企业家面临着第二个挑战,而这个挑战直接影响到他们的赚钱目标。创业不是为了复苏当地经济。许多大学,尤其是位于萧条工业城市的大学鼓励学生创业,以向世人表明它们履行了振兴家乡经济的责任。同样,许多城市之所以大力发展创业孵化器,是因为它们希望把创业者留下来,为城市的经济增长做贡献。使初创企业运转起来已经够难的了,复苏家乡经济更是难于上青天。创业者不应该认为自己有义务复兴当地经济;他们的职责就是让自己的企业运转起来,早日实现规模化增长,尽其所能打造出一家成功的企业。假如实现这些里程碑需要将公司搬到另一个城市，那该怎么办？大公司为了追求效益最大化而搬迁，初创企业亦应如此。

## 没有机会，就自己创造机会

每一名企业家的成功都得益于一两个偶然的机会。商业计划书是不会出现"运气"这种字眼的，这很好理解。没人能教你如何才能最大限度地利用好运气或趋利避害。

创业者如何才能在正确的时机做正确的事呢？据说，托马斯·杰斐逊（Thomas Jefferson）给出了这个问题的答案："我相信运气，但我认为运气只垂青努力之人。"把这段话放在创业上，可以理解为好运只光顾三种努力之人：第一种人不仅有创新能力，而且能够把这种能力与自己所掌握的知识联系起来。他们的知识面越广，创新思维能力就越强。路易斯·巴斯德（Louis Pasteur）关于科学探索的言论同样适用于创业者："好运只眷顾有准备的人。"

第二种，创业者必须着手建立一个重要的社交网络。关系网越大，所创造出来的机会就越多，就越有可能产生新的创意，招聘到更优秀的员工，实现更多销售收入。这个规则也同样适用于劳动力市场。绝大多数人都是因别人推荐获得工作的，而不是通过公开招聘或自己申请。推荐他们的人不是他们的好朋友，而是熟人圈子里某个不太熟悉的人。

第三种人的好运源自某些意外事件所产生的机会。许多日常琐事，比如产品设计的一次突然转变或者拜访客户时对方不经意的一句话，都有可能会带来意想不到的机会。创业者要善于制造机会，正如米尔顿·伯利（Milton Berle）曾经说过的那样："没有机会，就自己创造机会。"

　　了解创业者须知的这十二件事之后，你会发现接下来的内容有多么重要。这些经验之谈都包含着成功的要素，但却不是成功的法则。只有在实践之后，你才有可能根据自己的经验判断哪一条最适合你。不过，就算没有实践过，把它们综合在一起思考，也有助于你理解成功的创业者所要做的事以及这些事情是否符合你的志向。

# 第三章　为何要创业？

　　每天早上，考夫曼基金公司的停车场都会传来一阵哈雷路王（Road King）摩托车引擎的咆哮声，巨大的声响震得就连车棚也随之晃动。我们收发室的经理丹（Dan）来上班了。丹不是那种传统的机车族，他既不穿皮夹克，身上也没有文身，更没有留凌乱的胡子。他是一个非常斯文的专业人士，大约从 10 年前考夫曼基金会创立时起，他就加入公司了，堪称公司的模范员工。

　　丹酷爱改装摩托车引擎，据说他能够解决专业机械师都束手无策的难题，在摩托车界也算小有名气。我们一起共事了三年。有一天，丹来找我，并跟我说了一件激动人心的事情。摆弄了这么多年摩托车，他发现许多摩托车引擎的设计很不合理，这让他恼怒不已。最让他觉得愤怒的是，如果他想对摩托车的一些关键部件进行常规清洗，就得把整辆摩托车大卸八块，否则根本取不出这些部件。为了解决这个问题，他发明了一把铰接式扳手，能够让机械师对摩托车引擎的内部区域进行操作，拧下用手够不着的螺栓部件，然后把这些部件取出来做保养。丹已经为他发明的扳手和其他两样工具申请了专利，并找到当地一家铸造厂帮他生产工具零部件，然后拿回自己的车库组装。他的发明在车友圈里一传十、十传百，现在，他已经把扳手卖给了世界各地的摩托车玩家。

　　丹告诉我，他打算辞职创业。我问他是否确定要放弃这份既稳定又有保障的工作,因为他当时已经 40 多岁,还拖家带口。丹咧嘴笑了笑,对我说,扳手的销售额几乎已经抵得上他在考夫曼基金会的工资了;他的妻子有一份收入不错的工作,也鼓励他把这项爱好变成全职工作。和许多创业者一样,丹的眼里只有光明的前景。对丹而言,创业是非常合理的选择,他的生意蒸蒸日上,客户对他这款独特的产品情有独钟,市场需求量很大。

同事们听说丹要辞职,都觉得很吃惊。从来没有人怀疑他在默默地发明摩托车维修工具,而现在他要从一个工具制造者变成创业者了。他就在创业界的核心企业工作,但却从未对我们的使命表现出特别大的兴趣,也从未使用过公司的图书馆。要知道,我们的藏书中有成百上千位创业者的自传,还有大量关于初创企业的资料。在考夫曼基金会工作的这些年里,丹寄出了数千本关于创业的书,但他从来没想过自己要看一看这种书。他说,当他发现自己变成创业者时,自己也觉得很惊讶。在他看来,摩托车引擎问题困扰了他和其他机械师很长一段时间,让他们恼火不已,而他之前所做的一切只是利用常识来解决这个问题罢了。

丹仅凭一个创意便辞去了稳定的工作,开始经营他的摩托车工具生意。这个创意是如何把他变成创业者的?是什么样的因素激励着人们冒险创业,并持之以恒地创建一家成功的企业?多年来,在与诸多创业者的互动中,我总结出了一系列促使人们创业的理由和条件。这些人彼此性格各异,创业的动机各不相同,他们创建的企业也风格迥异。

## 我的创意会让世界变得更美好

虽然丹把公司收发室管理得井井有条,但他发现,自己的特殊才华不在于管理能力,而是摩托车改装技术。在对摩托车进行修修补补的过程中,他意识到自己已经解决了其他数千名摩托车爱好者遇到的同样问题。不过,如果他的想法对其他摩托车爱好者也有好处的话，他得想个办法让他们知道。这个例子充分说明了一点：许多创业者会越来越喜欢自己的创意，这些创意就像是他们的孩子，需要他们无微不至的照顾。他们对这些创意产生了一种责任感，并且对那些可以从中受益的人产生了一种义务感，他们要培育、开发和分享这些创意。简而言之，在这些创业者看来，如果不让别人知道这些创意并让其他人从中受益，他们就浪费了一个帮助别人的机会。

这种责任感和义务感就产生了这样令人啼笑皆非的推论。我不止一次听到这个推论，它犹如噩梦般困扰着创业者。这个梦有很多变体，但大体上是这样的：几个月或几年后出现了一个人，他开发了一款产品，这款产品与创业者之前开发的产品相类似，而且品质还不如创业者的产品；但考虑到安全问题，创业者把那款产品搁置了。这个怪诞的噩梦出现在各种媒体报道、YouTube 产品演示和令人难以置信的销售报告上，如病毒般在互联网上蔓延；而还没有辞职的创业者只能对着电脑或电视屏幕大喊："那是我的创意！"并将杯子里的咖啡溅到键盘上。这个故事的寓意在于，很多创业者是在恐惧感的激发下获得成功的，他们梦想着变得更加优秀，害怕一辈子碌碌无为。


## 企业是我实现创意的平台

在校大学生（包括学习创业的学生）生活在一个赞美创意人才的环境中，这些创意人才包括电影导演、画家、作曲家、建筑设计师、小说家和诗人。当然了，最具吸引力的是那些既得名、又得利的创意人才。正因为如此，美国各大学才会设如此多的电影专业。然而数据表明，绝大多数大学生还是生活在商业世界里，商业的本质就是创造性的企业活动——无论是一家小型园林绿化公司，还是一家大型制造企业，其生产活动都是具有创造性的。为什么我们的文化只将"创造力"的标签赋予艺术，却没有赋予那些提出创造性构思的人呢？他们发明了隐形牙齿矫正器、电动螺丝刀、真空食品包装和电子教科书租赁，然后想办法将这些新发明推向了市场。成千上万的新产品和服务让我们的生活和工作变得更高效、便捷、安全和舒适，这些产品和服务以及把它们送到我们身边的商业体系本身就是一种创造性的艺术形式。

下面要讲一个成功创业者的故事。这个故事充分说明了艺术和商业头脑是可以充分融合在一起的。比利·曼在费城的一个贫民区长大，为了筹集大学学费，他白天在自助餐厅打工，晚上则在学校的老式人工电话交换台当话务员。曼想成为一名词曲作家，于是选择了音乐专业，但他知道自己能够赚大钱的概率是微乎其微的。他的母亲也是这样想的，所以劝他去读法律专业。然而，曼不想放弃作曲家的梦想，为了安抚母亲和解决当下的困境，他给了自己一年时间闯荡娱乐圈。他答应母亲，如果失败了，他就参加法学院入学考试（LSAT），去当律师。

毕业后，曼前往加州发展。他开着自己那辆破旧的日产"尖兵"（Nissan Sentra）汽车，花了整整两个月时间横穿美国，沿路上靠打零工赚油费和饭钱。到达旧金山后，他在一家日式床垫商店里找了份工作。几周后，他因为测试床垫时打瞌睡而被解雇。

身无分文的曼只能带上吉他，到渔人码头（Fisherman's Wharf）卖唱赚钱。在街头卖艺的头一天，他只有8美元收入，根本不够吃饭钱或支付两周内就到期的房租。第二天早上，正当曼即兴弹奏吉他时，一对新婚夫妇从他身边走过。他和他们攀谈起来，谈话过程中，他灵机一动，产生了一个想法："如果我在5分钟之内给你们写一首歌，你们会给我5美元吗？"他当场写了一首甜美的情歌，描述这对新婚夫妻在何处长大，如何相知相爱以及未来如何快乐地共度一生。夫妻俩很高兴，给了他10美元。

曼意识到渔人码头是度蜜月的夫妻最喜欢去的地方，于是，他第二天继续拨动他们的心弦,为他们定制歌曲,当天他挣到了 318 美元。曼告诉我:"从那一刻起,我就成了一名创业者。我知道创业是怎么回事,我可以把自己对音乐的热爱和工作结合起来。"

街头卖艺是一项非常艰难和不稳定的工作。渐渐地,曼开始在酒吧和俱乐部驻唱,根据客人的要求唱一些热门歌曲,收入逐渐稳定下来,也足以维持生计了。他说:"我知道,除了现在唱的那些歌以外,我可以写出更好听的歌曲。"他开始在酒吧尝试唱一些自己创作的新歌,偶尔还把一两首歌卖给唱片公司。唱片公司预付了一部分定金,并承诺给他版税,但似乎从未给过他版税。曼日渐沉沦。正当他打算放弃音乐,回老家参加法学考试时,突然收到了一封邮件,里面是一张13.6 万美元的版税支票。

这笔意外之财解决了他的前途问题,曼决定坚持创作歌曲。他开始创作更多、更好听的歌曲,但他很快就意识到,他还要了解音乐出版和营销行业的复杂细节。从曼在渔人码头卖唱挣得第一个 10 美元算起,不到 5 年时间,席琳·迪翁(Celine Dion)已经唱过他的两首作品,其中包括她白金销量专辑《说爱》(*Let's Talk About Love*)当中的主打歌。

但是,曼创作的歌曲还是没有引起大唱片公司的兴趣。一天,曼决定做一张自己的专辑,因为这是他音乐事业取得突破的唯一方式。随着他在音乐圈的名气越来越大,曼开始为歌手和乐队成员组织现场演唱会。这些歌手和乐手都是他的好朋友,也是他录音棚里的员工。有一次,律师告诉曼,每当他派好朋友们去现场演唱会的时候,拿酬劳的是他们的经纪人,而不是曼自己。于是,曼开始做歌手和乐手的经纪人,并最终在纽约创立了潜行(Stealth)经纪公司,旗下艺人和团体包括粉红辣妈(P!nk)、阿特·加芬克尔(Art Garfunkel)、杰西卡·辛普森(Jessica Simpson)、希瑞·克劳(Sheryl Crow)、贾斯汀·汀布莱克(Justin Timberlake)以及后街男孩(Backstreet Boys)等。

2007 年,曼将经纪公司卖给了百代唱片公司(EMI)。百代唱片是全世界最大的娱乐公司,它曾为披头士乐队(the Beatles)在著名的艾比路录音棚(Abbey Road)录过唱片。曼搬到伦敦,并最终成为百代唱片公司录音事业部总裁。2016年,百代唱片被整体出售,曼回到美国,又创立了另一家经纪公司。他依旧宝刀未老,旗下的山姆・史密斯(Sam Smith)、梅根・特瑞娜(Meghan Trainor)和魔力红乐队(Maroon 5)都是 2015 年"格莱美之夜"的获奖得主。

我问曼从创业中学到了些什么,他只用简单的一句话作为总结:"首先,要创立企业;其次,等待市场检验。"他接着解释道:"市场是检验新事物好坏的唯一标准。"

曼正在以创业者的身份推动娱乐事业向前发展。从自己的亲身经历中,他开始思考一个问题:大型传媒公司内部关系错综复杂,很多有天赋的艺术家很难进入这个圈子,不知有多少人才因此而明珠暗投。曼认为,有很多明星级别的艺人未得到赏识,因为如果他们想获得唱片公司的青睐,就要经过许多复杂的步骤,比如:制作昂贵的试听唱片,拼命地到处试音。

2014 年,曼结识了雅各布・怀特塞兹(Jacob Whitesides)。怀特塞兹是一位才华横溢的词曲作家和歌手,但无论他多么努力,都无法得到大型唱片公司的试音机会。听怀特塞兹讲述了这段糟糕经历之后,曼灵机一动,劝他尝试一种新方法,他把这种方法称为"互联网上的街头艺术表演"。这一策略帮助怀特塞兹直接绕过了唱片公司的繁文缛节,利用社交媒体直接走向市场。2015 年 2 月,怀特塞兹遵循曼的指导,在互联网上发布了一首新歌《关于我》(A Piece of Me),由此而掀起了一场网络投票活动。这首歌入选"iTunes 十大畅销歌曲排行榜"(iTunes Top 10)并在美国流行音乐排行榜(Billboard)上位列第 5 名。曼自豪地对我说,怀特塞兹"不仅赢得了庞大的粉丝群,而且还得到了一份唱片合同"。

有天晚上,我和曼在墨西哥的一家餐厅边吃晚饭边聊天。他平静地对我说,他这辈子只专注做两件事，一是音乐，二是生意；但他无法确定哪件事更需要创造力。曼所做的就是竭尽全力发挥自己的创造力，投入到写歌、管理录音棚、挖掘艺术天才等工作中。他身上的一些天赋甚至连他自己都没发觉。对曼来说，在娱乐事业上砥砺前行，不断开拓新的道路，自然就会得到应有的回报。

被公认为全世界最高产的神经学家所罗门·斯奈德（Solomon Snyder）向我们证明了创新和创业是可以结合在一起的。斯奈德集多项科学发现于一身，其中包括某些脑细胞表面的蛋白质是如何充当某些药物的神经受体的。鉴于斯奈德在脑神经科学方面的巨大贡献，约翰·霍普金斯大学以他的名字命名该校的神经科学系。后来，他发明了一项技术，可以对无数化学试剂与数百万种脑细胞之间的反应进行高速测试。这项技术孕育了两家药物研发公司和许多新药物。

斯奈德曾对我说过，创业给他提供了一个环境，他可以在这个环境中加快新药物的研发速度，它比大学的科研机构效率更高，自由度也更高，让他得以充分发挥自己的天赋，为更多病人造福。当他创造性地把新药研发流程常规化之后，他就可以将科研工作集中在探索脑科学的尖端技术上面。不久，斯奈德就发现了大脑存在气体，而科学界一致认为这是不可能的事情。一段时间以后，"伟哥"（Viagra）的化学作用证实了斯奈德的科研成果是正确的，即大脑中的一氧化氮气体可以向人体发出信号，增加某些器官的血液流量。

跟比利·曼一样，斯奈德也曾与音乐结缘。在开始医科大学预科学习之前，茱莉亚音乐学院（Juilliard School）向他发出过入学邀请。早年读高中的时候，斯奈德就被视为全美国最具潜力的古典吉他手之一。


## 我想做自己的老板

研究表明，在人生的某个时刻，人们都想创立自己的公司。虽然志向持续的时间有长有短,但绝大多数人都产生过这样的想法。正如我们所看到的那样,90％以上的创业者的早期职业生涯都是为别人工作。实际上,人们在第一次创业之前,平均要在其他公司工作 15 年以上。然而,如果一个想法开始成形,有些员工就会决定创立企业,为自己的人生做主,以老板的身份做些与众不同的事情或者把事情做得更好,并且带着灵感去工作。

在尤因·考夫曼长大成人的过程中,人们可没想到他将来会成为一家大型制药企业的创始人。1916 年,考夫曼出生在堪萨斯州的一个农场,他父亲大部分时间都不在家里,而他的母亲为了维持生计,只能把家搬到堪萨斯市(Kansas City)经营一家寄宿公寓。在童年的一段时期里,考夫曼身体羸弱,经常卧病在床。那时候他非常喜欢看书,时常在脑海中计算一些复杂的数学问题。

二战期间,考夫曼还没能实现自己的大学梦,就被征召入伍,加入了美国海军。由于算术好,他被训练成舰队的领航员。闲暇时,考夫曼把他的数学天赋用在了另一个地方:打扑克牌。他的扑克打得很好,人送外号"幸运儿"。

有天晚上,考夫曼在一支大型护航舰队的旗舰上执勤,这支舰队的任务就是将美国急需的石油从南美洲运到美国本土的炼油厂。考夫曼怀疑领航长设置的计算数据有问题,当时他的职位是水手,而领航长是他的顶头上司。他坚信舰队的全部 20 艘军舰正在偏离深海航线,很快就会驶向浅滩,这必然会造成灾难性的后果。形势十分危急。

考夫曼知道,他可以用深海航行图来定位他们的真实方位,但这样做的前提是他要使用舰船上的声呐系统。这是舰队严令禁止的,因为德国的潜艇可能就在那一带游弋,如果它们捕捉到声呐特有的脉冲反射声,整个护航舰队就会遭受德军鱼雷的攻击。但是,当考夫曼的上司拒绝了他提出的重新计算航向的请求时,考夫曼知道自己必须采取一些措施。

绝望之中,他启动了声呐系统,脉冲声传向海底,这证实了他此前关于舰队行驶方位错误的猜测。然后,他越级上报,猛敲船长的门,把船长叫醒。船长暴跳如雷,他对着不服从上司命令的考夫曼大声说,如果他弄错了,那就得接受军事法庭的审判。"幸运儿"确实很幸运,他计算出来的数据完全正确,一场灾难性的事故得以避免。那天深夜,舰队司令将考夫曼提拔为士官。

战争结束后,考夫曼带着他的运气、顽强的决心和打扑克牌的绝技回到了家乡堪萨斯市。他找了一份"新药推销员"的工作,主要的工作职责就是拜访医生,说服他们使用本公司的药物。显然,考夫曼从一开始就表现出销售的天分。在做销售员的头一年里,他的佣金收入超过了公司总裁的薪水。这位总裁来了一招釜底抽薪,削减了考夫曼负责的销售区域。但第二年,在客户数量减少的情况下,考夫曼的佣金收入还是超过了总裁。这一次,总裁更改了佣金的计算方式。考夫曼当场辞职,并发誓再也不打工了。他已经为创业做好了充足的准备,万事俱备,就差一个好的创意了。

考夫曼回去拜访他在堪萨斯州和密苏里州结识的几位医生,并询问他们病人需要哪种药物,但没有问出个所以然。战后的婴儿潮正处于巅峰期,许多医生向考夫曼表达了自己的担忧,说他们看到太多婴儿出生时体重太轻。他们认为,如果孕妇怀孕时在食物中多摄入一些钙,这个问题也许能够避免。考夫曼大喜过望,他意识到生产钙片不需要在药物实验室进行长年累月的研究,他要做的就是想办法把钙片生产出来。

考夫曼在家中地下室加班到深夜,他把堪萨斯州当地餐馆扔掉的牡蛎壳收集起来,把内表面刷干净,从中刮出碎屑制成钙粉,再把这些细细的粉末压制成药片。白天,考夫曼摇身一变,变成了为自己打工的新药推销员,四处向医生们展示他制作的钙片,而这些医生又把钙片推荐给病人服用。为了让人觉得他的产品是由知名公司生产的,而不是他在地下室的手工作坊里捣腾出来的,考夫曼还专门印制了名片,称自己是马里昂实验室(Marion Laboratories)派来的医药代表,马里昂是他母亲的娘家姓氏。

凭借这种钙片，考夫曼创立了一家全新的制药企业，它主要关注的是客户需求和产品销量，而不是在实验室中研发产品。考夫曼为这种非处方钙片药物取名为"福善美"（OsCal）。后来，他又决定充分利用为这一拳头产品开发的分销系统销售处方药。考夫曼再次放弃了传统方式，他没有建立昂贵的实验室，而是从大学科研人员和药物开发人员那里获取新配方授权。

考夫曼的真正天才之处在于他懂得怎么去激励销售人员。他制订了创新性的销售激励制度，这套制度以奖励优秀销售人员淡蓝色敞篷车而著称，起初奖品是淡蓝色的雪佛兰，后来公司收益上升时奖励变为淡蓝色的卡迪拉克敞篷车。考夫曼坚信他的团队是为医生和药剂师提供一项重要的服务，他们所生产的产品有助于病人恢复健康。考夫曼也让自己的员工坚信这一点。

考夫曼总是在想一些新的点子来提升产品销量，其中一个点子就是将色彩鲜艳的商标贴纸贴在马里昂实验室推出的所有产品的瓶子上，而不是采用符合行业标准的白色标签。药剂师们反映说，这种独特的标签有助于他们在配药时更快地在货架上找到这家公司的产品，马里昂实验室产品的销量也因此超越了竞争对手。

考夫曼是公认的好老板，可能这是因为那些言而无信、打压人才的坏老板让他吃过苦头。他经常说，聪明的老板应该聘请比自己聪明的员工，并且肯定员工对公司的贡献。马里昂实验室给员工提供丰厚报酬和良好福利，制订了分红计划并赠予员工股票期权。当公司上市时，数以百计的员工立刻成了百万富翁。

## 有更好的办法做这件事

就在我成为考夫曼基金会总裁后不久，《财富》杂志上刊登了一篇名为《克服阅读障碍症》的封面故事,它讲述了那些将自己形容为阅读障碍症患者的人是如何创立革命性的企业的。封面照片上的人物包括思科总裁约翰·钱伯斯(John Chambers)、首创折扣经纪人概念的查尔斯·施瓦布(Charles Schwab)以及创立美国有线电视新闻网(CNN)并大力推动处于萌芽期的有线电视产业的泰德·特纳(Ted Turner)。理查德·布兰森也在封面人物当中。该故事讲述了布兰森是因为在学校里待不下去才考虑创业的,文章引用了他说的一段话:"你看,如果我数学很好,可能就不会创立航空公司了。"许多在 20 岁出头或 30 来岁创业的人都可能患有阅读障碍症,他们比绝大多数创业者都年轻得多。这些创业者似乎特别渴望创立公司,因为他们想用一种全新的方式解决问题,并做出新的、不因循守旧的经营决策。

受这篇文章的启发,考夫曼基金会的研究员团队开始审视我们所熟知的阅读障碍症与创业之间的关系。我们研究了美国一些商界名人的创业历程,其中包括亚历山大·格拉汉姆·贝尔、亨利·福特、托马斯·爱迪生、弗兰克·伍尔沃斯(Frank Woolworth)以及 IBM 创始人托马斯·沃森,结果发现一点:这些商业巨头都患有我们现在所说的"阅读障碍症"。当然了,在他们那个年代,阅读障碍症的属性范围还没有被明确定义或者被人们所了解,"阅读障碍症"这一专用术语甚至还没有成形。

金考公司创始人保罗·奥法里(Paul Orfalea)对我说过,他以前在阅读方面一直都非常困难。他之所以在上学时就想到在学校开展复印业务,是因为他要从同学那里借笔记。电子数据系统公司(Electronic Data Systems)创始人罗斯·佩罗(Ross Perot)也在《财富》杂志的封面故事当中。佩罗因他所提倡的"一页纸原则"而名声大噪,他这个人非常讨厌阅读,并且认为任何想法都可以用一页纸概括出来。有一次,我跟他合作一个项目。我发现,哪怕是匆匆写下的一页备忘录,佩罗也要花好几个小时进行详细讨论。在这个过程中,佩罗会吸收、验证和质疑别人提出的每一个想法。如果备忘录内容超过一页纸，他通常是不会看的。

有人认为，在成功的创业者当中，阅读困难症不是按比例分布的。为了弄清楚这种看法是否有依据，考夫曼基金委托几位著名学者进行调研。2009年，我们在凤凰城(Phoenix)召开会议，邀请相关领域的专家和几位自称是阅读困难症患者的创业者对调研结果进行深入探讨。

在那次会议上，新英格兰木屑颗粒产品(New England Wood Pellet)公司创始人史蒂夫·沃克(Steve Walker)回忆说，他的学生时代是在波士顿郊外的一所公立学校中度过的，那段经历简直是无尽的噩梦。他的老师每天都骂他笨，无论他多么努力，都无法掌握阅读技巧。他的数学考试从来没合格过，同学都取笑他，说他蠢得不行。患阅读困难症的小孩都经历过这种事。唯一让沃克提得起兴趣的就是学校开设的手工艺课。时至今日，他还很怀念手工艺课老师，因为"除了父母以外，他是唯一懂我的人"。手工艺课老师经常不关车间的电闸(这种做法是违反学校规定的)，这样，沃克就可以一直使用车间里的机器设备到深夜。沃克说："我的手工艺课老师经常鼓励我，他说我可以做其他学生做不到的事情。"

好不容易挤进了大学，在苦苦支撑了一年之后，沃克辍学回到了家中。有一天，他听说母校决定关闭木器加工车间并出售所有设备。沃克找到以前的手工艺课老师，承接了拍卖机器设备的任务。沃克手上有2000美元，他问老师应该买哪种机器。老师告诉了他一条最基本的商业原则：根据产品价值购买。结果，其他人都没有出价，沃克买下了所有机器设备。

沃克在自家地下室建起了手工作坊。接下来那一周里，他在一间五金店看到一台作展示用的火炉，里面烧着木屑颗粒。让他感兴趣的不是那台火炉，而是火炉旁边的几袋子木屑颗粒燃料，袋子上贴着"蒙大拿造"的标签。他想：蒙大拿在美国的东北部，四周都是茂密的森林，人们何必要购买来自美国另一头的木屑颗粒呢？

沃克开始在自己的工厂做实验，很快他便设计和组装了一台可以将木屑压制成颗粒的机器。他的木屑颗粒产品价格更便宜、质量更好，刚一推向市场就大受欢迎。不久，他就得制造一台更大的机器，以满足市场需求。考夫曼召开研讨会时，沃克的新英格兰木屑颗粒产品公司已经走过了 19 个年头，并一跃成为美国东北部最大的可再生生物燃料制造商。在诸多成就之中，最让沃克感到自豪的就是他的产品已经取代了每年人们所消耗的数百万桶不可再生取暖用油。

根据考夫曼基金的调研结果，沃克的经历绝非罕见。研究人员指出，大约 35％的创业者都是阅读障碍症患者，比普通人群中的比例高出 10％。受考夫曼调研会议启发，美国家庭影院频道（HBO）推出了一档专题节目《阅读障碍症之旅》（*Journey into Dyslexia*），探寻阅读障碍症患者更倾向于创业的原因。2014 年，阅读障碍症创业者群体（Dyslexic Entrepreneurs Network）第一届大会召开，来自美国各地的阅读障碍症创业者汇聚一堂，分享彼此的创业历程。他们一致认为，为别人打工会受到许多条条框框的限制，为了逃避约束，他们才创立自己的公司。这一观点更验证了 HBO 节目中的描述。

约翰·霍普金斯大学的一项研究让人们对大量企业是由阅读障碍症患者创立的原因有了进一步了解。研究人员采用对照组研究法，将实验对象分为两组，其中一组对象从小没有表现出阅读困难症的症状，另一组实验对象则患过严重的阅读障碍症；然后，研究人员将这两组对象的职业生涯进行对比。第一组对象曾在郊外私立学校上过学，而第二组对象上的是特殊学校，专门教患有严重阅读障碍症的孩子学习。到了 40 岁的时候，第一组实验对象大多成为医生、律师或教师，这些都是公认的体面职业，从事这类职业的人数是第二组实验对象的 2 倍。这个结果并不令人意外，最令人感到惊讶的是，第二组患有阅读障碍症的对象从学校毕业后创业的人数是第一组的 3 倍以上。该研究得出一个结论：阅读障碍症患者觉得自己很难深入掌握课本知识，也无法通过考试制度从事那些公认的体面职业，于是他们转而选择创业，创造一个能够让他们获得成功的环境，而在这个环境中，他们才是规则的制定者。这项研究还暗示说，患阅读障碍症的创业者取得成功的概率很大，因为他们能够凭本能把握宏观方向，并抓住其中的创新机遇。许多成功打造了属于自己的商业帝国的阅读障碍症创业者经常会提及这种与众不同的世界观，有一位创业者甚至半开玩笑地把它称作"阅读障碍天赋"。

## 变则通，不变则亡——家族企业的二次创业

谁会想到一个家族企业的第三代继承人变成了创业者？当这些继承人接过祖上传下来的衣钵时，有时候会变成内部创业者。他们有可能不太愿意承担这份责任，因为在他们看来，祖先强加的期望是一种负担；而且家族企业的做事方式一成不变，假如他们想发起变革，将会遭遇很大阻力。如果新一代的家族企业管理者意识到企业已经丧失了创新能力，他必须肩负起拯救企业的使命，否则就只能目睹企业走向灭亡。他该怎么做？他有可能会发现新的机会，利用现有资产开发创新产品；他还可能倾向于追求企业的高速发展，即把祖业当作初创企业，使企业进入新的发展轨道。

在美国经济大萧条时期，卡丽·霍金斯（Carrie Hawkins）在纽约州北部地区的乡间开了一家路边农产品直销店，起名为"青山农场"，以此养家糊口。1934年，她和家人把直销店搬到了她家农场附近一条繁忙的高速公路旁边。卡丽不知道，她这家小小的农产品直销店后来成为杂货零售行业革命的发源地，而这场革命将深刻影响世界各地的零售商店。2001 年，《公司》杂志将"青山农场"评为"美国最佳小店"（Best Little Store in America）。"青山农场"很符合现代杂货店的标准：店面较小，并且在卡丽原来搭建的简易棚基础上添加了很多点缀物。

20 世纪 90 年代，卡丽的孙子加里·霍金斯（Gary Hawkins）担心附近的大型

连锁杂货店会影响到"青山农场"的生意。他预感到巨型连锁超市将带来激烈的竞争，于是开始收集与顾客结账行为相关的详细数据。霍金斯自学过电脑编程，他设计了一款分析软件，把数据输入软件中，结果得到了一些意想不到的信息：直销店80％的收益来自他30％的客户。给客户寄大量优惠券和在当地报纸登广告这两种方法似乎不足以留住这部分关键客户，如果他在与连锁超市的竞争中失去这些客户，"青山农场"就会被挤出杂货零售行业。

霍金斯决定服务好这些最重要的客户，他不仅要着手了解他们的姓名，还要研究他们的生活方式和家庭。经过一段时间之后，霍金斯对这些客户喜欢买什么东西、对推销作何反应以及每周哪几天在购物等信息都了如指掌。他决定给这些客户无微不至的关怀，每逢圣诞节，他会给消费额排在前列的客户赠送圣诞树，而且每年会邀请他们来店里参加一次半正式晚宴。如果当地长时间停电，他就会给这些客户发放特别优惠券，帮助他们把冰箱和冰柜里腐坏的食物替换掉。

"青山农场"的客户保有率和单位面积的销售额成为行业神话。2011年，业界领先的出版物《杂货总部》(Grocery Headquarters)杂志将霍金斯评选为年度零售业最佳高管。对于只有一间店面的老板来说，这是一项了不起的成就。如今，客户忠诚度软件程序已成为我们生活中的一个重要组成部分，很难想象这个程序是由锡拉丘兹(Syracuse)郊外的一间小店首创的。

霍金斯的创新措施拯救了这个家族企业。实际上，它改变了这家小杂货店和霍金斯本人的未来。在霍金斯获得杂货行业大奖之后，世界各地的杂货店都开始向他取经。看到咨询的人越来越多，他决定开一家新公司，专门管理客户数据和忠诚度。2010年，霍金斯创立了咨询公司"先进零售与技术中心"(Center for Advanced Retailing and Technology)。如今，他本人担任这家咨询公司的首席执行官。"先进零售与技术中心"为世界各地的零售商提供咨询服务，它的客户甚至包括联合利华和宝洁公司。

## 不要为了名声和一夜暴富而创业

在过去 30 年里,创业越来越成为一件时髦的事情,这是一个相当大的进步。要知道,早在 1980 年,以英语为母语的人士对于"创业"这个源自法语的单词还不太熟悉,有些人甚至会读错它的发音。

这反映出当代文化看待商业创新者的方式已经发生了改变,而这种变化也反映出科技的本质正处于演变当中。19 世纪初,创业者通常被称为业界巨头、寡头和大亨,他们利用工业革命中产生的新兴技术,在钢铁、石油、铁路建设等行业建立大公司。许多企业家被人们贴上了"强盗大亨"的标签,尽管拥有巨额财富和崇高的社会地位,但他们还是普遍被人看不起,其中包括安德鲁·卡耐基(Andrew Carnegie)、亨利·弗里克(Henry Frick)、霍里斯·柯林斯(Hollis Collins)和杰伊·古尔德(Jay Gould)等人,当然了,约翰·戴维森·洛克菲勒(John Davison Rockefeller)也在此列。

相比之下,如今拥有显赫地位的成功企业家通常会受到公众追捧,而且媒体往往对他们不吝赞美之词。100 年前,企业家几乎都被视为罪犯,而现在,再也没有人这样看待他们。为什么会这样呢?

各高校也支持并声援这一积极观念。它们把创业描述成类似于医生、电脑程序员、化学家或会计师那样的职业。一些机构甚至开设了常规课程,教人们如何成为成功的创业者。遗憾的是,它们在用一种错误的方式兜售创业理念。它们以为教学生创业的方式与培训建筑师或动物学家的方式是一样的。

处于求学和职业生涯阶段的学生可以被视为"创业爱好者"(wannapreneurs),他们希望成为另一个扎克伯格,然而,除了知道扎克伯格是脸书创始人并且富可敌国之外,他们对他的了解微乎其微。实现财务成功当然是每个人创业的动机之一,因为它在一定程度上标志着社会重视你所提供的产品或服务;可是我们也知道,以赚钱为主要目标的创业者往往更容易失败。在追求一夜暴富的过程中,创业爱好者们会低估建立一家基业长青企业的重要性,而只有这样的企业,才能产生长期的经济回报。

几年前,我在一场会议上遇到一名想创业的学生,让我们暂且称他为贾里德(Jared)吧。几年后,贾里德联系到我,跟我说他真的成了创业者,专门在互联网上卖床垫。他问我对此有何看法。我当时觉得这真是件怪事,但去年有好几个人问过我同样的问题。一项小范围的调研显示,越来越多人以电子商务模式销售床垫,这跟我们过去试用床垫的销售方式简直有天壤之别,这是硬床垫、特硬床垫还是中等硬度的床垫?而一想起过去顾客的卫生标准,就让人觉得毛骨悚然。但是,这些创业者为什么突然对床垫感兴趣呢?难道人们对于高质量睡眠的追求有着无限的市场潜力?难道我没有注意到大量卖床垫的商店正在倒闭吗?

当贾里德打电话给我时,我问他对床垫的兴趣从何而来以及他是如何应对激烈竞争的,因为光是在美国就有 9000 家卖床垫的商店。相比之下,美国的星巴克连锁店数量也只有 12000 家。对于很多人来说,买杯咖啡喝是一种日常生活习惯,星巴克店面数量多倒也合情合理,但床垫通常要 10 年才买一次。对于我的问题,贾里德的回答很有意思。他告诉我,不久前,他参加了一场由白宫组织的、鼓励大学毕业生创业的会议。在会议上,美国中小企业管理局官员念了一份热门新行业清单,并鼓励与会者考虑投身这些行业。床垫就在这份清单上。

贾里德觉得这是一个很有前途的想法,他自己又做了些调研,结果发现这个行业大多数商家都以新婚夫妇、新购房者和有小孩的夫妻作为目标人群,于是他决定瞄准学生宿舍市场。现在,他已经开了一家以大学生为目标客户的市场营销公司,将生产外包给工厂,产品直接从工厂运送给消费者。

贾里德还说,他已经说服了部分家人投资他的公司,他的想法给亲戚们留下了深刻印象。我问他，他们觉得这个想法最吸引人之处在哪里？他回答道："这家公司只要赚钱了就可以卖掉。"按照贾里德的设想，如果他能够占领一小部分学生床垫市场，哪怕只是很小的市场份额，也会有一家大型床垫企业肯出巨资收购他的公司。

贾里德开公司的目标就是成为创业者和赚大钱。绝大多数上一代创业者、即使是最近这批成功的企业家都恰恰相反：首先，他们产生了一个商业构想，而该构想往往源自他们所热衷的事物；然后，他们才开始创立企业。贾里德则是先决定创立公司，然后再寻找商业构思，但他只想要一个能够在短时间内把企业卖掉的商业构思。贾里德肯定对床垫没什么兴趣，他创业的动力不是来自于专长或创意，更不是为了建立一家基业长青的企业，而是希望在公司取得一定成功之后就把它卖掉。

我只能祝贾里德好运，希望他的计划成功实施并挣到一大笔钱。但是，他失败的概率很大，理由如下：首先，他所追寻的生意机会是政府发现的，这可不是什么好事情。几十年来，经济学家对政府预测数字的准确性进行了研究，结果表明，政府关于哪个新行业会增长、最有希望的就业机会出现在哪里等信息一直都错得离谱。但是，与初创企业成功率相关的调研告诉了我们一件更重要的事情：追求短期销售额的初创企业失败概率非常高。

贾里德可能要从一些成功的企业家身上学点东西，比如：发明了摩托车特制扳手的丹、比利·曼、尤因·考夫曼、史蒂夫·沃克和加里·霍金斯等人。尽管他们创业的目的都是获得财富，但财富并非他们创业的唯一目标，甚至不是主要目标。相反，创业给他们提供了一个制造实用产品、解决现实问题的机会。这是一个让人感觉有意义的创意平台，他们可以以老板的身份管理企业，制订自己的规则，把家族企业变成一家具有创新意识、欣欣向荣的公司。当然了，他们也知道，只要把事情做好，再加上一点运气，或许就能收获丰厚的经济回报。

# 第四章　创业动力从何而来？

　　每年秋天,大学校园都会举行某种仪式。如果一所大学设置了土木工程专业,一批批学生就会端着经纬仪、拿着卷尺和笔记本出现在学校空地上。年复一年,成千上万名学生弄清楚了工程教学楼门槛的海拔高度以及它与学校小教堂第一级阶梯的距离到底有多远。

　　如果学校开设了创业课程,那又是另外一幅景象。只见另一群学生四处闲逛,仔细盯着每一样东西看,比如校园比萨店使用的配送袋、校园网球场等,心里在琢磨着如何用手机应用软件进行体育设施的预约管理。教授们给这些学生下了任务,要他们发现身边所存在的问题,从问题中寻找创业机会。创业教科书把这个过程称为"机会识别"(opportunity recognition)。创业专业的学生都要写商业计划书,但在此之前,教授会告诉他们,创业的目的是满足之前未得到满足的独特需求,计划书中必须清楚地说明他们所发现的新商机。

　　教授们每个学期都要给学生写的商业计划书打分,学生们的新创意他们之前已经看到过好几十次了,典型的例子包括:把自助餐厅的残羹剩饭加工成宠物食品;使用无人机提高校园停车场不同时段的利用率;创建"真正的"定位网站,为新入学的学生提供一些校方不一定想让他们知道的信息,比如一些允许学生消费的酒吧。至于如何利用新手机软件进行创业,其构思也不外乎以下几种:追踪卡路里消耗量,用游戏教物理学,在非洲丛林推广疫苗,实时评估当地外卖餐厅的排队等候时间。

这个过程很少出现全新的商业构思,学生根据需求进行创新的能力几乎为零。看着他们在开学第一天四处闲逛,拼命寻找商机,我们顿时明白高校开设的创业课程为何会如此失败了。如果连学校都不知道真正的创新从何而来,又怎么能指望它们教学生创业呢?

发明新产品或新服务是一个有机的过程,影响这个过程的因素包括发明者的成长背景、人生经历、思维的敏锐度以及他性格中是否具备解决问题,并且把问题解决方式推向市场的脾性。当然了,新企业的创立取决于创业者的毅力和韧性。

## 创新的主体与原因

成功的企业都不是因为故意寻找某个商机而创立的,在它们创立之前,绝大多数创始人发现了某个真正需要解决的问题,并且很想找到问题的答案;而最重要的是,创始人往往具备解决这些难题的一整套技能。理想情况下,无论创业者是发明新产品、购买连锁经营权还是收购现有企业,他们都是在创造一种更好、更高效的方法,将某种产品或服务带到消费者身边。创新就是创建新的或优化过的问题解决方案或发明新产品的过程,从而解决现有的或迫在眉睫的需求;这个过程既与现有的技术状态有关系,也跟一个人是否有热衷于发现机会、创建解决方案的秉性密不可分。

显然,现有产品和服务的突破将左右后续的进化,但持续进化如何才能让更多人带来更多创新?这个问题还没有确定的答案。下面,我们以自行车为例,说明飞跃性革新的重要性。这种技术突破本身就很重要,但成为一种创新工具之后,它的重要性有增无减。那些默默无闻的工匠显然没有意识到,他们所开启的技术创新对自己所在领域居然有如此大的推动作用。

自行车首创于 1890 年左右，它是一种能够把人力转化为前进动力的机械装置。当时正值工业革命萌芽期，人们已经掌握了高碳钢锻造技术，从而为自行车所需的磙子链条和链轮的诞生奠定了基础。在日常生活中，骑自行车去面包店所用时间比步行缩短了许多，对于第一次骑自行车的人来说，这简直是一件不可思议的事情。但是，除了节省时间之外，无数人还把自行车当作探索外部世界的工具。过去，人们对于周边世界的认知仅限于步行一天所能到达的地方，但自行车出现以后，外部可认知的世界突然变得更宽广了。自行车开拓了人类的视野。

然后，莱特兄弟和亨利·福特横空出世，这些天才对自行车的基本机械结构加以改进，创造出新的高速旅行工具。福特发明的四轮车其实就是用底盘把两辆自行车拼凑在一起，底盘下安装内燃机（内燃机是因其他用途而被发明出来的），底盘上方留出了一个驾驶室；发动机通过自行车链条与车轮相连。莱特兄弟原本的主业是生产自行车，后来，他们把一台内燃机安装到一个翼型飞行器骨架上，再用自行车链条把内燃机与螺旋桨相连，世界上第一架飞机就此诞生。

自行车的巨大影响力不可小觑。如今，由自行车技术所衍生出来的各种发明至少占世界经济活动的 1/5。史蒂夫·乔布斯曾经说过，自行车象征着人类的探索精神。他说，他发明的个人电脑提升了用户的学习能力，并将其描述为"心灵的自行车"。乔布斯发明的个人电脑、苹果手机、平板电脑和随后出现的手机应用软件拉开了创新的大幕，后人群起而效仿，持续不断地进行快速创新。

尽管所有创新都建立在技术持续扩展的基础上，但新产品的发明取决于不同生活背景的个人是否有着足够的好奇心去接受挑战、去解决他认为值得解决的问题。因此，创新是一个有机的过程，是每个人运用身边现有资源解决新问题的过程。创新型的企业家站在了前代发明者的肩膀上，所以他们能看得更远。

为了更好地了解创新者，不妨想想他们身上体现出的一些共同特征。他们绝大多数都人到中年，机缘巧合之下找到了某些问题的解决方案，这促使他们想创立新公司。获得专利的发明家的平均年龄为 47 岁，原因何在？创新涉及知识的积累和融合，而很多知识都是在潜意识中形成的，是发明者在整个人生当中不断整理和吸收的结果。在平时的正规学习培训、工作经历和认知当中，人们从见闻当中提取信息，最终形成了这些知识；甚至连开车、购物、交电话费等日常生活中的点滴小事也是积累知识的一种途径。

某些创业者，尤其是年轻创业者很难接受"中年人适合创业"这一说法。然而，我们不妨想一想，只有当过多年巡警的警察才有资格晋升为探长，承担起调查和侦破罪案的重任。探长之所以有经验，是因为他们见多识广，研究过很多人类行为，并且亲身经历过各种困境，甚至出生入死。侦探小说也说明了这一点：夏洛克·福尔摩斯（Sherlock Holmes）是一名成熟的中年男人；马普尔小姐（Miss Marple）则是一位头脑精明、和蔼可亲的老太太，人生历尽沧桑，对人性的弱点洞悉无遗。

为了更能说明问题，我要再举一个罕见的例子：大部分诺贝尔奖得主的年龄是 62 岁，而且所获奖项通常都是奖励他们 40 多岁时所做的贡献，只有少数情况除外。

许多创新者的另一个有趣特征就是所谓的"情境感知"（Situational Awareness）能力。原始部落的猎手能够从树枝的折断声中分辨出猎物的种类，并迅速做出反应；具有丰富战斗经验的海军陆战队队员可以通过敏锐的余光看到右手边有人在轻微移动，从而感知到敌人的存在。同样，许多创新者能够从我们平常容易忽略的蛛丝马迹中发现问题并寻找解决方案。你是否有过在雨夜中叫不到出租车而感到沮丧的经历？遇到这种情况时，我们绝大多数人只是骂几句娘，特拉维斯·卡兰尼克（Travis Kalanick）和加勒特·坎普（Garrett Camp）却想到了创立后来我们熟知的优步（Uber）公司。

经济史学家兼社会学家罗杰斯·霍林斯沃思（Rogers Hollingsworth）认为，

创新者还有另一个共同特征,那就是他们有着强烈的自学欲望,博闻强记,跨领域、跨学科地阅读各种书籍。创新者天生就对很多不会给他们带来直接好处的事物感到好奇,而且善于博览群书[比如,有个机械工程师去看病时,把自己的笔记本电脑忘在车里了。在候诊室里,他随手拿起一本《美好家园》(*Better Homes and Gardens*)杂志来看,不知不觉中记住了一些关于厨房通风和园林灌溉方面的知识,这些知识都是以后能派上用场的。]很多自学者成为两个或两个以上领域的专家,比如:很多从事研究的医生都有较高的音乐素养。霍林斯沃思指出,创新就是把此前毫无关联的构思糅合在一起,但要做到这一点,就必须对不同领域都有所涉猎。

除了学识渊博之外,创新者也很可能磨炼出一种多疑的心理倾向,这种倾向有时候被称为"逆向思维"。创新者会有意无意地以绝大多数人不理解的方式改写局面。史学家赫伯特·巴特菲尔德(Herbert Butterfield)认为,科学上的突破性进展都是这些人的杰作。用他的话来说,这种人"能够看到事情的另一面"。投资家沃伦·巴菲特(Warren Buffett)非常擅长逆向思维,他把自己的成就归功于不随波逐流,即"别人贪婪时我恐惧,别人恐惧时我贪婪"。

如果有人把另一个人形容为天生创业者,他通常是想说这个创业者能够以不同的眼光看待世界,并且能够创造一些看似显而易见、但却不为人所重视的机会。我们本来也可以创立像优步这样的公司,因为所有创业元素都是现成的:大量未充分就业的民众想获得有弹性的第二职业,以挣到更多钱;几乎人人都有手机;手机支付平台已经成熟。但是,为什么你就是没有想到把这些元素糅合起来呢?

在本书其他章节中,你所看到的创业故事都是与新商业构思相关的,而这些新的构思正是初创企业存在的理由。创新是否有更宏观的原因呢?这个问题已经存在了好几个世纪,其答案就是人类的创新精神:在我们的天性当中,发明创造和改善现状的本能是无法抑制的。这是哲学家说过的话,有些哲学书已经有几百年的历史了。到了 21 世纪的今天,人类更加关注创新和进步,而创新的动机包括以下几方面。

**安全与保障**

在有历史记载以前,人类就渴望着保护生命和驱赶肉食动物,这是一种求生本能。我们不是从书上了解到这一点的,也不是因为看到史前的洞穴壁画才得出这个结论,而是因为现在我们所有人都在谈论这个问题。作为现代人,为了免受生存威胁,我们不断地寻求保护。在历史上,无论是出于进攻目的还是防御目的,世界各国都曾为战争做过准备,而这样的军备竞赛正是技术创新的最大动力。美国国防部高级研究计划署(Defense Advanced Research Project Agency)是无数创新成果和企业的摇篮,这些成果影响着世界上所有人,其中便包括了阿帕网(ARPANET)、全球定位系统技术(GPS)、语音识别软件以及 3D 制图。阿帕网是如今的互联网的雏形;全球定位系统技术最初是为了实施定点轰炸而研发的,后来成为谷歌地图和所有交互式绘图功能的鼻祖;语音识别软件推动了苹果语音助手(Siri)和网站世界排名网站 Alexa 的发展;而 3D 制图技术则为 3D 打印奠定了基础(也许 3D 打印技术很快就可以用于更换肝脏和肾脏了)。

**健康**

人类永远都在追求长生不老,希望减少身体残疾和摆脱疾病的困扰。这种追求促使医学和营养学得到长足的进步,从而使我们的寿命更长,过上更有质量的生活。每年,全世界都有数百家生物技术企业和农业技术企业成立,它们致力于将科研成果转化成可以供广大民众使用的商品。在美国,这项工作主要由国家卫生研究院(National Institutes of Health)和农业部(Department of Agriculture)提供资金资助。也就是说,我们的社会认为提高预期寿命和生命质量是一项公益事业,并制定了由政府主导的公共政策。

## 速度

从自行车到汽车,再到飞机和宇宙飞船,这些创新都体现出人类对速度的追求,缩短从一个地方到另一个地方所需的时间。无独有偶,人与人之间沟通速度的极大提升也是一种高速传输的奇迹。我们不妨回想一下,在古代战争中,信使来回奔波于战地之间,向指挥官汇报军队的调动和行军情况。在整个美国内战期间,这一职能基本上没有改变。当时,书面指令和口头指令都是通过士兵传送的,他们在战场之间来回奔走,为指挥官带去重要信息。美洲原住民和世界其他地方的部落文化都发明了"狼烟"这种远距离视觉通信方式,但在两次世界大战中,无线电收发报机和战地传输电话彻底改变了信息传输速度。从那时候起,人类便在追求速度的道路上一路狂奔。乔布斯告诉我们,电脑是一种工具,它能够帮助人脑运行得更快。正因为如此,电子邮件被人们迅速接纳和采用,以迅雷不及掩耳之势进入千万家庭,使用频率极高,其普及速度比人类历史上其他新发明都要快。

## 休闲娱乐

发达国家的人们在解决了温饱问题之后,便开始寻找更刺激的方式来打发时间。首先取得进步的技术领域之一就是电影。电影源自摄影,却在摄影的基础上产生了令人惊叹的技术革新;而电影又衍生出如今的虚拟现实游戏。戴上虚拟现实眼镜,人们便可以穿越时空。虚拟现实领域已经催生了很多身价过亿的创新创业者,他们以一种更便捷也更赚钱的方式让我们享受到美国国家橄榄球联盟(NFL)、纳斯卡赛车(NASCAR)[①]甚至是太阳马戏团(Cirque du Soleil)所带来的乐趣,而这些创新者从中获得了丰厚的回报。在美国每年新成立的企业当中,有将近5%的企业致力于开发休闲娱乐产品和服务。

---

① 这是美国最流行的观赏性体育运动。——作者注

**便捷与舒适**

节省劳动力和提供舒适的设备大多属于这种类型的创新,大多数情况下,它要与其他驱动力一起发挥作用。最简单的例子包括我们如今经常使用的洗碗机、垃圾处理器、手机和视频流服务。然而,我们还要从宏观角度思考一些我们习以为常的创新对我们的经济和社会所带来的真正变革,比如中央空调技术。美国南部很多地方,包括像达拉斯这样的繁华都市,迪拜这样世界上最干燥的沙漠地带以及新加坡这种沼泽遍布的低地地区,都已经成为繁荣的经济中心。如果这些地方的劳动者没有住在舒适的人造室内环境下,这一切绝不可能成为现实。还有,正因为我们能够人为地控制室内气候,精密的电子设备才得以运转。

只要人类一直追求更加健康长寿的生活,以更快的速度旅行和通信,并且有时间做一些温饱以外的事情,那么创新的机会便无处不在。创新者的职责就是开发出能够满足这些需求的产品和服务。他们必须做好准备,敢于尝试,其灵感可能来自意想不到的地方。你的创业灵感会来自哪里呢?

**朋友有难**

帕特里克·安布罗恩(Patrick Ambron)是一位年轻的创业者。按照一般规律,创业者都具备相当丰富的经验,安布罗恩却是个例外。在机缘巧合之下,安布罗恩表现出了创业者应有的特质,而这个时机就是他的朋友兼室友陷入了麻烦之中,他想帮朋友一把。

安布罗恩的室友彼得·基斯特勒(Peter Kistler)即将从锡拉丘兹大学(Syracuse University)毕业并准备找工作。不巧的是,基斯特勒与当时正在坐牢的一名强奸犯同名同姓,只要上谷歌搜索"Peter Kistler",排在前面的总是那个"坏彼得",而"好彼得"则陷入了一个无法解决的难题之中。绝大多数潜在雇主都会在互联网上对求职者进行初步搜索,他们会一直把基斯特勒跟那个囚犯相混淆,从而拒绝他的求职申请,这种情况已经出现过好几次了。基斯特勒的职业生涯受到严重威胁。

在帮助基斯特勒解决身份难题的过程中,安布罗恩发现很多人都曾陷入同样的困境中。他还发现,许多公司提供身份澄清服务,但价格高得离谱。有一位医生被牢骚满腹的病人在互联网上诋毁,他似乎愿意花一大笔钱来恢复自己的声誉,他打算给一家公司支付 25000 美元来为自己"洗白"(而且不保证成功)。几乎没有几个大学毕业生能够付得起这笔钱。

安布罗恩、基斯特勒和另一位同班同学埃文·麦高恩·沃森(Evan McGowan Watson)认为,许多大学生都会遇到各种各样的声誉问题,这会让他们在职业生涯起步阶段付出高昂的代价。在线个人档案里面有几张海滩聚会时的滑稽搞笑照片? 被冷落的恋人把你们的亲热照放到了网上? 有人说你行为不雅,比如拿着啤酒瓶站在人行道上;或者手里拿着一大堆违章停车罚单却从来不去交罚款? 绝大多数学生可没有钱去请大公司为他们在网络上正名。

安布罗恩读的是新闻学专业,毕业后很可能会去公关公司工作,代表企业客户与媒体打交道。在学习本专业课程的同时,他还在锡拉丘兹大学信息学院选修了搜索引擎逻辑学。他知道,光靠讲些有趣的故事是不可能重塑个人名声的,提高个人在互联网上正面评价信息的曝光率才是关键,比如:入选"优秀学生榜"(Dean's List)、在马拉松比赛中获奖、公益组织的实习经历或者参与过社区推广计划等。这些信息都要清晰明确地表达出来。大量的正面评价最终会覆盖负面评价,"好彼得"也最终会战胜"坏彼得"。

正当三个人想办法解决基斯特勒的难题时,他们开始意识到有必要成立一家公司,向客户提供价格合理的声誉管理服务。他们发现了一条新路子,通过结合现有软件技术,开发了一款能够解决实际问题的产品,属于他们的创业时机已然成熟。这个解决方案的与众不同之处在于:它提供了一份路线图,让精通电脑的学生管理自己的互联网身份,而不是去找大客户经理购买一次性的声誉修复服务,而这种昂贵的服务正是现有声誉管理公司的业务模式。大量学生客户能够持续地帮他们改善和提高在线利润。

安布罗恩和他的两名伙伴着手开发软件,这款采用订阅模式的软件将成为他们的网络优化平台。他们注册成立了一家新公司,名为"自创形象公司"(BrandYourself)。它没有花高薪聘请客户专员,而是创建了一种商业模式,为大学毕业生们提供一款他们买得起的产品。

与竞争对手投入大笔资金做广告逐一吸引客户的做法不同,自创形象公司是采用一种独特的吸引客户的方式发展起来的。公司创始人直接去大学推销主账户订阅服务,他们向大学管理层提议说,学校可以将这些服务免费提供给那些准备进入就业市场的学生。他们在母校挣了第一桶金,锡拉丘兹大学校长为所有高年级学生订购了这一服务。不久以后,约翰·霍普金斯大学和罗彻斯特大学(University of Rochester)也加入进来,自创形象公司的业务就此起步。这些高校很快就发现,自创形象公司的服务不仅能为学生提供有效的帮助,而且是一种花费较低的善意做法,为那些快毕业的求职大学生和他们的父母提供支持。很快,这些毕业生就会收到加入校友会的邀请,并且每年为学校捐一次款。

有了合同收入之后,安布罗恩和他的合作伙伴得以继续改进公司网站,使它便于更多客户使用,因为相比于大学生,这些客户对电脑不是太在行。接下来,自创形象公司决定以企业作为目标客户,这些企业通常要处理大量客户意见。久而久之,大企业成为自创形象公司的主要客户群,取代了高校。类似于资产管理公司这样的个性化服务企业也在它的目标客户之列,它们想确保员工维持清白的线上身份,从而增强客户的信心。

很多创业者会进入一个已经被"先行者"占领的市场,安布罗恩也如此,但在此之前,他仔细研究了竞争对手犯过的错误。为了扩大客户群,市场的领先企业募集了7000多万美元风投资金,而且它们的商业计划依赖于花销巨大的广播电视广告。然而,自创形象公司的创始人起初只从朋友和家人那里筹集了不到100万美元。安布罗恩的竞争对手采用劳动密集型的客户管理模式,收费较高,因而客户流动率也居高不下。自创形象公司将产品以极低的价格卖给大学和企业客户等机构,它的客户保有时间约为竞争对手的3倍。该公司数据显示,它的许多个人客户来自企业客户的一揽子合同,但在他们换工作之后,依旧选择了自创形象公司。

谈起自创形象公司与众不同的价值主张,安布罗恩是这样总结的:"我们有主动手法和被动手法,主动手法是教客户如何从一开始就防止声誉受损;被动手法则是在客户声誉受损之后为之辩护和消除影响。与后者相比,前者的成本要低得多。我们绝大多数客户不需要弥补声誉,他们只是通过自创形象公司提高自己的网络声誉。"

2016年,自创形象公司受邀参加真人秀节目《创智赢家》。安布罗恩在规定的3分钟内讲述完公司情况之后,投资人评审团似乎很兴奋。与绝大多数主讲人会得到礼貌但毫无结果的回应不同,节目评审团的4名评委都表示很有兴趣投资这家公司,他们问安布罗恩是否愿意拿出自创形象公司25%的股份来换取200万美元投资。也就是说,评审团认为这家公司值800万美元,这比他们向来到节目的其他公司所提出的平均金额要高得多。安布罗恩很有礼貌地还了个价,用15%股权换取200万美元投资额。4名评委告诉他,他过于高估自己公司的价值了,没有哪家初创企业市值可达到1300万美元以上。其中一名评审态度很强硬,称200万美元换公司1/4的股份已经是很慷慨的报价了,他还暗示说安布罗恩太贪婪,不应该这样漫天要价。安布罗恩坚持自己的立场。恼羞成怒的评委问他为什么不愿意接受报价,安布罗恩回答说,这个报价对公司的前期投资者不公平,因为那些投资者认为自创形象公司值 1500 万美元,并向公司提供了 300 万美元风投资金。

## 肯定有更好的方法

夜里的一场大雨成为创立优步的灵感来源,同样,一些突发事件和意外也会促使许多创新者发现问题,并且为自己和其他人解决这些问题。当你拿出信用卡购买一台昂贵的"雪人"(YETI)牌冷藏箱时,你知道掏钱买的是性能卓越、耐用、可靠的产品,可当你在收据上签字时,心里不禁有点遗憾,你会想:"为什么我就没想到发明这种产品呢?"

罗伊·塞德斯(Roy Seiders)和赖恩·塞德斯(Ryan Seiders)就想到了。这两兄弟酷爱户外活动,他们喜欢乘坐一艘小划艇在德州湾(Texas Gulf)浅水区钓鱼。和其他垂钓者一样,他们习惯于站在冷藏箱上面抛钓钩。冷藏箱最早出现于 1954 年,对于钓鱼爱好者米说,它是一种必备的设备,既可以冷藏啤酒和苏打汽水,又可以冷藏当天钓到的鱼。最初的冷藏箱都是用镀锌钢材制成的,但在 20 世纪 60 年代中期,为了满足绝大多数消费者低价的需求,冷藏箱生产商把产品材质换成了塑料。然而,在 2005 年,当赖恩站在冷藏箱盖上抛钓钩时,盖子突然塌了。愤怒的两兄弟决定要做一款更结实的产品。

如今,"雪人"堪称冷藏箱中的玛莎拉蒂(Maserati),该品牌的客户忠诚度高得惊人,它的粉丝对它简直达到了膜拜的地步。冷藏箱市场的领导品牌是单价 30 美元左右的"冰屋"牌(Igloos)冷藏箱,但"雪人"的单价都是 100 美元起步,而且还是容量最小的型号;"雪人"的子品牌"冻原"(Tundra)有一款 402 夸脱(约合

380 升）容量的产品，其售价高达 1400 多美元，它的广告语就是"能站上一只熊"。"雪人"把冷藏箱的卖点从容量延展到此前鲜为人知的保鲜时间和坚固度，即使是在酷热天气中，它依旧能把鱼冷藏很长一段时间。

从冷藏箱的发明到"雪人"品牌诞生前的 50 年里，冷藏箱这种产品一直没有很大改进，而塞德斯兄弟彻底改变了这个市场。从 2010 年起，"雪人"年增长率达到 300％以上，而且一直供不应求。对于劣质产品的愤怒让这两兄弟产生了一个想法："肯定有比这好的产品。"然后，他们就开始成为冷藏箱专家。"雪人"的成功告诉我们，他们的确发明了更好的产品。

塞德斯兄弟不是冷藏技术专家，但他们却是专业的冷藏箱使用者，并且有解决问题的决心。正是因为对现有产品性能、工艺、服务或停滞的技术感到不满，许多创业者才想到从行业或市场内部改良产品。他们长期浸淫在这些行业或市场中，经验丰富，可能对产品的一些现状感到非常不满。

里奥·古德温（Leo Goodwin）的第一份工作是在位于美国加州圣地亚哥市（San Diego）的联合服务汽车协会（United Services Auto Association）卖保险。该保险公司成立于 1922 年，专为现役军人提供保险服务。由于现役军人不是其所驻扎州的永久居民，所以很难从其他保险公司购买保险。

联合服务汽车协会的老板是一名退休军官。50 岁那年，古德温意识到他在这家公司已经没有晋升空间了，他决定利用自己在保险行业学到的知识和多年积累下来的经验创业。作为一名经验丰富的核保人，古德温认为政府职员的保险风险低于军人，他可以越过汽车代理商，直接向公务员销售汽车保险，并且降低车险价格。1936 年的美国仍处在经济大萧条的阵痛中，古德温把家搬到华盛顿，成立了政府雇员保险公司（Government Employee Insurance Company）。公司发展迅速，并于 1948 年上市，现在已经拥有 1400 多万个政府客户和非政府客户，并且提供许多保险产品。

因行业经验丰富而创业的另一个案例是沃利·布卢姆(Wally Blume)。在创业之前,布卢姆为美国的零售连锁企业克罗格(Kroger)公司工作了大半辈子,他的职责是管理公司的乳制品。对乳制产品有着深刻了解的布卢姆后来辞职创立了第拿里风味(Denali Flavors)冰激凌店,推出了"麋鹿踪迹"(Moose Tracks)系列冰激凌,但他的创业并没有到此为止。在克罗格公司的工作经历让他知道规模的重要性,他可不想只经营一个普通的手工冰激凌品牌。2006年,布卢姆创立了第拿里配方(Denali Ingredients)公司,为美国各地的冰激凌制造商生产冰激凌调味产品。

张忠谋(Morris Chang)的故事则说明了一点:科技行业的丰富经验与远见卓识结合在一起,就会孕育出一家具有突破性技术的初创企业,满足潜在的市场需求。张忠谋的第一份工作是在德州仪器(Texas Instruments)公司与发明了集成电路的诺贝尔物理学奖获得者杰克·基尔比(Jack Kilby)一起做研究。德州仪器公司发明了世界上第一台袖珍计算器,这也是世界上第一台专供消费者使用的小型计算器。该仪器的主要部件包括一块电路板、一枚电子芯片以及大量焊接在一小片塑料板上的晶体管,这片塑料板经过蚀刻处理,表面覆盖着精密材料,以控制微小的电流。为了制造芯片,德州仪器公司要建造专用的加工设施,这要花费好几亿美元。

基尔比的发明催生了电气设计工程师这一全新的职业,而电气设计工程师则创造出定制电路板的巨大市场需求。集成电路技术原本是德州仪器公司的杰作,但它却带来了一个难题。德州仪器公司可以扩大规模,成为世界最大的电路板芯片供应商,但这样做的成本太高,公司根本无法满足定制芯片的市场需求。张忠谋发现,公司的局限之处在于它无法迅速地重新装备生产设施。

张忠谋回到中国台湾,创立了台湾积体电路制造有限公司(Taiwan Semi-conductor Manufacturing Company)。他设计出一种方法,可以迅速重组电路板制造流程，从而满足全球不断增长的集成电路板需求。他的晶圆工厂引发了一股创新热潮，消费产品一夜之间都变成了"智能产品"。电视机和洗衣机可以编程，汽车的机械控制系统被电脑取代，可行驶里程数大幅提高，维修成本大幅下降。飞机的控制系统也进入"玻璃驾驶舱"时代，飞机的安全性能得以提升。每个有孩子的家庭突然都有了一个里面全是电路并且与电视机相连的盒子，用游戏手柄玩游戏的时代开始了。这一切科技进步要部分归功于张忠谋。

## 使垂死的企业起死回生

与自创形象公司的创始人相似的是，艾米·厄普丘奇（Amy Upchurch）从未在企业工作过。她创业的动力来自她的个人经历和坚韧不拔的精神；更重要的是，她有一种本能，希望帮助那些与她境遇相同的人。

怀第一个孩子的时候，厄普丘奇的晨吐反应很严重，需要经常住院治疗。怀第二胎和第三胎时，这种状况没有丝毫好转，把她折磨得虚弱不堪。她的丈夫是海军陆战队步兵军官，因此，她每次怀孕都要住在不同的地方。她看过十几个医生，他们想用药物和饮食养生的方式帮她缓解晨吐，结果都不起作用。怀第四胎时，厄普丘奇发誓，这次她一定要做些改变。她要想办法克服晨吐和持续不断的恶心反胃，这种罪她已经受过三次了，现在她有三个孩子，丈夫又经常不在家，她可不能经常生病。

厄普丘奇了解到，晨吐通常是由一种名为幽门螺杆菌的胃部细菌引起的，抗生素对这种细菌无效。幽门螺杆菌寄生于全球半数人口体内，是胃溃疡的罪魁祸首。女性怀孕期间，身体荷尔蒙激素发生变化，某些女性体内的幽门螺杆菌数量激增，造成严重的恶心呕吐反应。大约一半女性可以通过服用抗生素解决问题，而对包括厄普丘奇在内的另一半女性来说，抗生素疗法没有任何效果。

厄普丘奇开始从医学角度研究晨吐现象，并且看了数千篇有同样经历的孕妇所写的博客，然后她想：采用多管齐下的方式，再辅以营养补充剂，或许可以解决这个问题。这非常值得一试。她进行了大量研究，还拿自己做试验。她把益生菌、花草茶和可可月桂甘油酸酯（cocolaurin）（这是从椰子提炼出来的纯天然生物碱，具有抑制幽门螺杆菌的功效）结合在一起，终于制成了能治疗晨吐的药物。她的第四个孩子怀得很顺利，晨吐反应大大缓解，最终她生下了一个可爱的小男孩。

厄普丘奇想把自己学到的东西分享给其他人，帮助孕期妈妈克服晨吐。起初，她想开个博客，在上面分享自己的经验，但她认为别人会窃取她的研究成果；此外，她以前的病情是非常严重的，如果她把对自己有效的药物配方变成产品，让那些待产孕妇能够购买和使用这些产品，那会比光提建议有用得多。于是在生下儿子几个月后，厄普丘奇开始从创业者的角度思考问题了。2014年夏，她成立了粉红鹳（Pink Stork）公司，为那些晨吐的孕妇提供全方位的产品服务。

在把产品推向市场之前，厄普丘奇又测试和评估了很多种经过提纯的药物，与她当初给自己使用的药物相比，这些药物已经经过改良。最终，她决定采用外用镁砂喷剂来缓解孕妇的恶心作呕症状。这种喷剂富含益生菌，有助于增强人体免疫系统，为女性提供孕期所需的额外营养。然后，再使用可可月桂甘油酸酯彻底抑制幽门螺杆菌。厄普丘奇先找到一家保健食品制造商代工生产这款产品；再然后，她制订了品牌化战略，为企业和产品树立品牌形象；最后，她决定直接通过互联网销售产品。

从创立粉红鹳公司的想法成形到产品上市，厄普丘奇花了12个月时间。她建了个网站，但却没有广告经费，只能依赖推文和社交媒体等手段推广产品。起初，产品销量很低，但呈现出良好的增长趋势。12个月后，产品销量每个月翻倍增长，粉红鹳开始盈利了。厄普丘奇把办公室搬出厨房，并且聘请了兼职文员来帮忙接单。15个月后，粉红鹳的销售收入足以让"投资人"回本了。这里所说的投资人指的是厄普丘奇本人和她丈夫,因为成立公司的资金全部来自两人的积蓄。套用投资专家的话说,粉红鹳公司拥有正向现金流,即收益大于支出。如今,厄普丘奇已经将她的产品卖到了美国大型连锁超市,包括沃乐玛和塔吉特。

厄普丘奇的故事说明,有些人创业是受环境所迫。她个人经历了怀孕的难题,而经过一番研究之后,她得知这些问题并不罕见。她想用这些新发现的信息帮助别人,因为毕竟也曾有过很多富有爱心的健康专家努力想帮助她。假如难受得死去活来的孕妇发现没人能帮她,会做何感想?实际上,厄普丘奇是突然想到要创立粉红鹳公司的,她甚至不太愿意创业。作为军人家属和 4 个孩子的母亲,她有一大堆事情要忙,而且生活过得很精彩。她的专业是新闻学,而不是生物学。为了创业,她不仅要了解产品成分,还要精通供应链管理、网站设计和互联网销售等方面的知识。幸运的是,厄普丘奇在创业的路上一路狂奔,而不是停下来写商业计划书。

## 创新需要活学活用

几年前,我结识了两名创业者,如今,他们的公司早已度过了新创阶段。他们的故事超乎任何人的想象,是机遇、背景知识和勇气相结合的典型。席客思是一家床上用品制造企业,除了生产床单以外,这家公司还发明了一种睡衣,可以通过"相位调整"来将湿气从睡眠者的皮肤上吸走,并根据睡眠者晚上体温的变化进行温度调节。当睡眠者体温下降时,睡衣就留住热量;而当身体变热时,它会释放出热量。此外,它质地柔和,这是公司创始人研发该产品时的最低要求。现在,许多大型零售店都在出售席客思公司的产品。

我是在 2010 年认识米歇尔 · 布鲁克-马齐涅克(Michelle Brooke-Marciniak)和苏珊 · 沃尔维乌斯(Susan Walvius)的。当时,我们的一位共同的朋友对我说,她们有创业的想法，问我是否愿意跟她们聊一聊。在女子篮球界，这两位都是大名鼎鼎的人物。布鲁克-马齐涅克是田纳西大学夺得 1996 年全美大学生女篮四强赛（Final Four）冠军时的主力球员，而且被评为最有价值球员（MVP）；沃尔维乌斯则是美国最著名的篮球教练之一。

有天下午，两人正在一起训练南卡罗莱纳大学（University of South Carolina）篮球队，布鲁克-马齐涅克不经意地说，现在的球衣都是高科技织物制成的，比她们打球那会儿穿的聚酯纤维网状布料要舒适得多，也让球员更容易发挥水平。沃尔维乌斯赞同她的观点，说没人想到用这种织物来做床上用品，真是太遗憾了。两人并没有把这当成球场边的闲聊，而是立刻行动了起来。是否应该有人尝试用类似材料制作床单？她们是否应该去尝试一下？很快，她们找到南卡罗莱纳大学化学系的一位教授，教授同意帮忙。

当时，布鲁克-马齐涅克和沃尔维乌斯并没有意识到自己正在从事一个材料工程项目，她们要生产的是一种新织物和新产品。她们从朋友和家人那里筹集资金，并与中国一家工厂签订了代工合同，为她们的新织物打样。织物制造是一个极其复杂的行业，对她们两个新手来说，这可不是一件容易办成的事情。工厂当地的一名女裁缝帮她们做了几十张床单样品，她们把这些样品送给朋友试用。朋友们的反响相当热烈，大家都想购买这款产品。心里有底之后，她们便着手成立公司了。

布鲁克-马齐涅克和沃尔维乌斯都非常热爱自己的教练工作，对她们来说，篮球既是一项娱乐活动，更是一份职业。她们不懂做生意，况且正处于职业生涯中期，手里捧着铁饭碗。假如创业的话，她们要学会生产产品、管理供应链以及通过零售渠道销售产品，这些事情令人望而却步。然而，她们确信自己的产品会很抢手。在创业初期，我请她们描述一下席客思公司的将来是什么样子的，她们的回答反映出她们有着必胜的信念和创业的激情："我们希望席客思的广告在 10 年之内出现在超级碗(Super Bowl)赛场上。"

两人都知道,她们要从事一项新的"运动",那就是为那款新型床单找到市场;她们也明白,只有销量才能决定席客思的未来。她们运气很好,一位朋友的朋友把她们介绍给了美国最大的家居用品连锁零售巨头 BBB(Bed,Bath & Beyond),而 BBB 同意先在其部分店面试销席客思产品。任何零售商的货架都是弥足珍贵的,她们生产的床单配得上在 BBB 销售吗? 答案是肯定的。仅仅几个月后,席客思的产品就在 BBB 所有分店全面铺货。如今,席客思的床单和睡衣打入了专业运动用品零售渠道,比如迪克体育用品超市(Dick's Sporting Goods);并且与塔吉特(Target)和沃尔玛等好几家大型零售商合作。

我问布鲁克-马齐涅克和沃尔维乌斯:运动员和教练生涯的经历是否对她们经商有帮助? 沃尔维乌斯的回答很有见地,她说:"经营席客思公司与打篮球完全不同。如果把生意场比作篮球场,那这个场地总是处于忽高忽低的状态中,而且中间有个大坑;场上时而有 3 个篮筐,时而又有 5 个。对方球员穿着不同的球衣,球的尺寸也一直在变。球场上看不到计时钟,就连裁判都是瞎子。"她还说,相比之下,打篮球要容易多了:"除了训练就是比赛,而比赛不是赢就是输。"她认为,创业这项运动是没有终场哨的,一旦上场,就得一直玩下去:"这可不是 40 分钟就能解决的事情。"想要创业成功,就得永不止步,而且需要经年累月的持续创新和自律。

### "如果我能为你做点儿什么,请尽管开口。"

有谁没对生病或受伤的家人、朋友或照顾他们的人说过这句话? 当我们说出或写下这句话时,会感到有点不够真诚。我们别无选择,只能送些花或毫无意义的慰问品,以表达我们的关怀;或者没完没了地打电话慰问对方。如果你住的地方与你关心的人距离不远，完全可以给他煮点意大利千层面或者拼车捎他回家，这些都是举手之劳。但如果距离很远，你怎么给他提供帮助呢？苏珊·布拉顿（Susan Bratton）从一个全新的角度思考了这个难题。

布拉顿在科罗拉多州的乡下长大，在杜克大学（Duke University）学习政治学，后来又在弗吉尼亚大学（University of Virginia）获得工商管理硕士学位。在毕业后的 20 年里，布拉顿一直在纽约市从事医疗保健方面的风投工作。她为好几个大型企业并购项目提供融资服务，这些项目的参与者包括制药企业、医院系统、卫生组织（HMO）和私立养老院；她还协助过许多新兴的生物技术公司获取启动资金并助其上市。布拉顿自如地游走在医疗与商业两个行业之间，被公认为该领域最优秀的银行家。

2012 年，布拉顿的一位朋友被诊断出患脑癌。让布拉顿感到惊讶的是，在她朋友患病期间，医院的专家团队几乎对他的营养补给不闻不问。吃什么样的食物才能让他感觉好些？什么食物不会抵消或干扰药效？什么食物能安抚他的心情？她仔细研究了一下这个问题，结果发现，那些正与某些疾病做斗争的病人在营养方面很少能获得个性化支持。于是，布拉顿创立了食疗公司（Meals to Heal）。她告诉我："我决定做点事情。如果我不接受这个挑战，恐怕其他人也不会做这件事的。"

布拉顿将自己的大部分积蓄投入创业，她做了几张幻灯片阐述创业理念，就这样说服了几位投资人向公司提供投资。她的初步营销策略是说服纽约市医院里的营养顾问，通过他们将食疗公司推荐给那些暂居纽约市、接受癌症门诊治疗的外国病人。布拉顿在旧金山找了间商用厨房，为每位病人按推荐食谱定制食物。这些食物全部经过单独烹饪和冷冻，然后送到病人所在酒店或公寓。只要在微波炉里加热几分钟，热腾腾的营养餐就上桌了。

虽然营养餐受到许多富有的外国病人的欢迎，但事实证明，要扩大客户规模，确实是件非常困难的事情。为了开发客户,布拉顿要经常与医生或营养师沟通,说服他们将公司产品推荐给病人。尽管困难重重,但食疗公司在临床营养界树立了良好的口碑,布拉顿开始听说美国其他地方的营养师在询问如何才能让他们的病人享受这项服务。不过,当下的业务量依旧无法维持公司运转,布拉顿决定改变销售方式和供应链模式。

布拉顿做了一件许多创业者觉得非常难做到的事情:她全盘推倒了原有经营模式,重新再来。她之所以这样做,是因为她曾目睹其他公司为了生存而采取了类似的激进措施来重塑经营模式。她知道,有时候这些措施是很有必要的。作为重塑经营模式的一部分,布拉顿注销了公司原来的名称,改名为乐享健康(Savor Health)公司。

起初,布拉顿是因为想帮助朋友但又不知道怎么帮,这才选择了创业。回想起这一初衷,布拉顿想知道患者的家人和朋友是否是公司最能有效提供服务的渠道。她先做了个试验,通过互联网出售特制食物礼品卡,人们可以购买这些礼品卡送给患病的亲人朋友,以表达自己的关爱。市场迅速做出了反应。现在,布拉顿可以把礼品卡卖给一位休斯敦的客户,这位客户可以用礼品卡为他在西雅图的患病好友做点有意义的事情。布拉顿的公司刚成立时,最后一公里支付服务这一新鲜事物还未问世。如今,有了该服务之后,乐享健康公司通常可以在数小时之内把营养餐送到美国各地。

做银行家的时候,布拉顿曾目睹过濒临破产的公司是如何浴火重生的。她就像是一位将军,研究了历史上的著名战役,知道每一家初创企业都要面对无法预知的市场;如果她想实现自己的目标,就得制订新的经营策略。布拉顿也知道,假如她不以一份详尽的商业计划书去打动投资人,他们也许不会赞同她大幅度改变目标市场、销售策略和生产方式。现在,公司走上了一条新的发展道路,布拉顿把新旧经营模式结合在一起,开拓了一种新的经营模式,但给他人提供真诚服务的宗旨没有变,而这正是人类文明亘古不变的主题。乐享健康公司推出的产品强调了营养在病人康复和寻求慰藉的过程中的重要性,有助于病人与疾病做斗争;公司还采用了全新且超快的产品交付手段、新的食品烹饪和冷冻技术,并以互联网营销方式将产品送到全国各地的客户手中。

人们创业的灵感或动机到底是什么?上述故事表明了创业者做决策时倚重的两大要素。有人认为自己要用新产品或服务满足他人需求,率先生产出市场反响强烈的新产品,进入一个有可能功成名就或一败涂地的未知世界,这些挑战让每一名创业者感到兴奋。在这些创业者看来,他们正处于职业生涯的转折点,可以考虑新的人生规划,去迎接创业所带来的挑战。他们暗中审时度势,评估错失创业机会可能造成的损失。有些创业者拥有稳定的工作,要定期偿还按揭贷款,还要承担家庭责任。一想到这些,其他人会立刻退缩,但创业者却选择继续冒险。他们要为客户提供新产品和新服务,并在此过程中为自己创造一个与众不同的人生。我们随后就会看到,有些人的创业欲望是不可抑制的。

# 第五章　如何躲过创业魔咒？

许多成功的企业家在追忆往事时会苦笑着说，往日的美好时光和成就犹如做梦一般。绝大多数初创企业都要花很长时间才能走向成熟，即便是那些拥有杰出创意并将其成功付诸实施的企业也不例外。所谓的"创业魔咒"，是指创业者过于关注创新，有时候甚至达到了沉迷的地步；而与此同时，他们生活在一个充满不确定性、怀疑甚至恐惧的环境中，只能静待自己的远见卓识接受市场检验。

## 改良吸尘器

詹姆斯·戴森（James Dyson）出生于英格兰的农村地区。他的父亲在一所私立男校教拉丁语和希腊语，家里人都希望戴森遵循这一传统，顺利考上大学，然后获得古典文学专业学位。那为何戴森最终设计了一款革命性的真空吸尘器，并创立了一家以工程创新和设计创新著称的大公司呢？

这一切都要从他反抗家人给他设定的职业生涯规划说起。19 岁那年，戴森被伦敦一所艺术学院录取。在机缘巧合之下，戴森被工程师杰里米·弗赖（Jeremy Fry）聘请；弗赖当时正在设计一款后来被称作"海上卡车"（Sea Truck）的新型实用汽艇，这款产品可用作工程船和军用登陆艇。设计与工程的完美结合使戴森为之着迷,他协助弗赖创立新公司,成功地将"海上卡车"推向了市场。

可能正因为戴森参与了大量设计和工艺创新工作,所以戴森注意到我们每个家庭必备的家电产品是如此不好用。有一天,戴森用真空吸尘器搞清洁,突然发现吸尘器的集尘袋装满了灰尘,吸力变得越来越小。他向朋友借来几台吸尘器进行研究,结果发现所有吸尘器都存在这个问题。他开始从设计源头上寻找缺陷,检查了用于收集灰尘的纸袋。他意识到,当吸尘器吸入碎屑时,一些细小颗粒会迅速堵住进气孔,从而切断吸力。

他想:在发达国家,真空吸尘器早已成为一种家庭必需品,而且有着惊人的市场渗透率,这样的家电产品为何性能如此之差?为什么没人能制造出品质更好的吸尘器?经过一番研究之后,戴森找到了问题的症结所在:任何真空吸尘器都要定期更换集尘袋。吉列(Gillette)的经营模式是靠剃须刀来卖刀片,真空吸尘器行业与此相类似。戴森坚信自己能制造出更优质的吸尘器,改进后的机器将吸力大增,清洁效果更好,并彻底除去持续更换集尘袋的成本。

戴森想发明一款新式真空吸尘器的兴趣越来越浓,在接下来的 10 年里,戴森一门心思地研发他的吸尘器,这几乎耗光了他的所有积蓄,只能靠做美术老师的妻子的收入维持一家五口人的生计。戴森组装了 5000 多台原型机,以观察其性能是如何改善的,这个做法跟托马斯·爱迪生的倒是很像。经过多番实验之后,戴森终于确定了一种结构设计方案,该结构以 900 英里(约合 1448 千米)的时速将空气吸入机器内,然后使气流分别流向两个相反的方向。该设计方案的灵感来源于戴森看到锯木厂伐木时会把锯末收集起来。两股气流之间的气隙则引导着气流所携带的灰尘进入一个可拆卸式集尘箱中。戴森对自己发明的双气旋式吸尘器非常自豪,他决定以透明塑料做机身,让用户在清洁地板时能看到集尘箱里慢慢堆积起来的灰尘。

1983 年,戴森对自己的设计已经相当满意,他找到几家工厂,以为它们会很认可他的创意，但他想错了。这个行业热衷于现有的商业模式，制造商们没兴趣用其他产品取代集尘袋，更别说更换一个全新的生产流程了。美国和英国的所有制造商都拒绝了他的提议。

最终，一家日本制造商决定生产他的产品，这种带可拆卸式集尘箱的真空吸尘器刚上市便受到市场追捧。紧接着，加拿大的一家公司购买了设计专利，其生产出来的双气旋式吸尘器供不应求。这款产品的销售量如此惊人，戴森觉得有必要捍卫其专利权，防止那些之前拒绝过他的美国和英国制造商仿造他的产品。

1993年，戴森用签订全球专利授权协议所得收益成立了自己的制造与研发公司。该公司的目标就是设计和生产改良型吸尘器，专供英美市场。这一年，戴森46岁，他已经为吸尘器奋斗了将近20年。

在改良真空吸尘器的过程中，戴森对自己把设计和工程融合在一起的能力越来越有信心，他想用这种能力来解决其他问题。他创建了属于自己的公司，而公司厂房本身就是创意的混合体，它们既可以用作设计工作室，又可用作工厂，而且他决定沿着这条路继续走下去。

在这个新环境中，戴森可以一边进行创新设计，一边对量产型号进行可行性测试。他开始致力于满足客户的其他需求。很快，除了生产比上一代更高效的新型吸尘器之外，戴森还生产我们日常生活中经常使用的其他产品，包括气旋式干手机以及无叶无噪声风扇"气流倍增器"（Air Multiplier）。他还改良了其他产品的设计，使其外观变得更好看，包括吹风机、洗衣机和热水器在内的产品新设计不断涌现。

## 改良滑雪板

戴森是一名发明家型创业者，这类创业者相对少见，他们先是发明新产品，然后创立制造企业，并且管理得很成功。许多发明家型创业者将现有的尖端技术融合在一起，把它们运用在人们意想不到的新用途上，从而满足人类需求；相比之下，戴森则是竭尽全力彻底改造过时的技术。

霍华德·海德（Howard Head）跟戴森是同一类人。1947年，当时的海德在巴尔的摩市当飞机工程师。有一次，他花了一周时间在佛蒙特州的曼斯菲尔德峰（Mt. Mansfield）学习滑雪，那里是美国首家滑雪学校的所在地。海德没有太多运动天赋，他身高6英尺4英寸（约合2.08米），身体瘦弱，滑起雪来笨手笨脚的。谈起滑雪，他的一位朋友是这样评价他的："霍华德就像一只瘦猩猩，连膝盖都不会弯。"

上了几节课之后，海德感到非常沮丧。他的滑雪板是实木板制成的，非常重，他根本控制不了滑动方向。他很想像教练那样毫不费力地做着回旋式动作，沿着斜坡滑下山去，体验一把兴奋的心情。在回家的路上，海德灵机一动，想到了一个办法：如果滑雪板更容易使用的话，也许他就能提高滑雪技术了。他要改造滑雪板，使其变成好用的利器，而不是滑雪的阻碍。

可能这个想法源自他作为一名航空工程师的职业敏感。海德的工作就是不断改进飞机性能，除了让飞机飞得更快之外，还得让它更好地响应飞行员的指令。当时，滑雪板一般用山胡桃木制成。海德认为，如果用那些比山胡桃木更轻的材料制作滑雪板，那它们就更容易操控，速度也会更快。海德告诉我，他记得有一次乘火车回家，他在餐厅里用餐巾纸画了一幅由航空铝合金和塑料制成的新式滑雪板横截面图，并且在旅途中一直跟坐在餐桌对面的一名军人探讨自己的想法。那军人力劝他尝试一把："既然你连轰炸机都能设计出来，那改良滑雪板简直是小菜一碟。"

回到位于巴尔的摩市的格伦·卢瑟·马丁飞行器公司（Glenn L. Martin Aircraft Company）之后，海德开始收集一些废旧材料，并利用晚上和周末的时间进行试验。由于滑雪板很长,他不得不在公寓后面的小巷子里租了几个相连的车库,就在那个阴暗寒冷、没有取暖设施的地方,现代滑雪板横空出世。但是,就像戴森发明那款独具匠心的真空吸尘器一样,海德也花了很长时间去改进滑雪板。

起初,海德利用鞋匠专用胶水把一块蜂窝状塑料粘在两块铝片中间,然后外面再粘一层塑料片。为了使中间夹层紧紧地固定在一起,他将滑雪板插入一个真空橡胶袋中,吸走胶袋里的气泡。然后,为了增强原型产品的柔韧性,他把滑雪板浸入煮沸的曲轴箱润滑油里,这个过程会产生难闻的有毒气体,非常危险。

与此同时,由于购买了大量工具和原材料,再加上租房子的租金,海德开始缺钱了。因此,就像尤因·考夫曼一样,几年前,海德在最需要现金的时候学会了打扑克挣钱。11个月后,海德不仅有了一笔打牌挣来的钱,产品也基本打造成型,他觉得是时候揭开这款未来滑雪板的面纱了。他回到曼斯菲尔德峰,在一个寒冷的早上,他邀请滑雪教练相聚在滑雪学校的小木屋里,向他们展示了五副全世界首创的铝塑滑雪板。

一位教练用力摇了摇其中一副闪闪发亮的滑雪板,板子在他手里断成了两截。另一位教练把一块滑雪板的尖端往地上戳,滑雪板当场就解体了。教练们轮流折弯其他滑雪板,黏合层悉数裂开。海德手里只剩下一副滑雪板,他请教练们看他演示一下产品在雪地上的性能。他们来到初学者滑雪道顶部,海德慢慢地沿着平缓的山坡滑下来。结果,他脚下踩着的滑雪板也断了,变形的金属和破烂的塑料扭作一团。

尽管这次处女秀以失败告终,海德还是铁了心地想制作出更优质的滑雪板。就在这个时候,他开始意识到竞争对手出现了,形势变得更加严峻,而这种情形对于发明家型创业者而言并不罕见。当时,来自另一家飞机制造企业的一群工程师已经开始推销他们的全铝滑雪板。到了第二年冬天,他们已经生产出了几千副滑雪板。然而,他们的产品太重,而且金属表面无法打蜡;更糟糕的是,如果滑雪者碰到小面积流冰群,滑雪板就会失去控制,滑倒在雪堤上,发出可怕刺耳的噪音。海德仍然持乐观态度,他坚信自己的铝塑滑雪板很有市场前景。

对于优质滑雪板孜孜不倦的追求已经占据了海德的整个生活。经过两年废寝忘食的加班加点之后,他最终辞去了飞机工程师的工作。没有正常收入,赌桌上也赢不到钱,他只能把家搬到一处脏兮兮的公寓地下室。天冷的时候,屋里没有取暖设备,海德只能穿着他父亲那件旧大衣御寒。他到处借钱购买食品和原材料,再也没钱给那两位利用业余时间帮他开发产品的飞机机械师支付工资了。幸运的是,他们坚信海德一定能梦想成真,继续帮海德研制滑雪板。他们把自己的工作时长写在车间的墙上,等海德成功的时候再给他们支付工资(后来海德真的成功了,他也履行了自己的诺言)。

海德把塑料、金属、胶合板等材料以不同方式组合在一起,终于得到了他想要的强度和柔韧性。为了避免滑雪板底部结冰,他尝试使用过好几种塑料。他东拼西凑弄到了一笔钱,买了三台餐厅使用过的烤箱,然后把它们焊在一起,尝试用烤箱加热的方式把塑料和金属压合起来,使滑雪板变得更加耐用。海德一次次往返于曼斯菲尔德峰,请那几位教练继续测试改良后的样品。那些教练起初只是耐心地帮他测试产品,也许他们觉得海德的做法很愚蠢;但随着时间的推移,他们被海德不屈不挠的创造精神所折服,也很欣赏他对滑雪运动的热爱。现在,他们对这款产品的好奇心被彻底激发起来了。

1951 年,海德终于成功研制出一副优质滑雪板。"海德标准"(Head Standards)系列滑雪板比木质滑雪板更轻,更容易变向。海德把滑雪板放在他那辆客货两用车的后备厢里,然后开到滑雪道下面的停车场,现场兜售产品。他身上穿着一件特别的浣熊皮大衣,以此吸引顾客的注意力。那一年,他卖出了1100 副滑雪板。生意越来越红火,但海德仍在继续改进他的滑雪板。他在两层金属板之间加入了氯丁橡胶,以减少滑雪板在颠簸过程中产生的震动。尽管这款产品广受欢迎,但它并没有像海德所设想的那样占领整个滑雪板市场。

海德想到了一个推广产品的点子。他说服了一名极具天赋的法国高山滑雪运动员试用他的产品。1968 年冬奥会,年轻的让-克洛德·基利（Jean-Claude Killy）赢得了所有三个高山滑雪项目的冠军,而他所使用的正是海德发明的滑雪板。海德滑雪板顿时销量暴增。第二年,高山滑雪界 80％的教练和国际顶级赛事当中 1/3 的运动员都在使用海德滑雪板;两年后,50％的美国滑雪爱好者都购买了海德的产品,公司共卖出 40 万副滑雪板,销往 17 个国家。1970 年,54 岁的海德把公司卖给了 AMF 公司,光荣退休,此时离他在曼斯菲尔德峰首次试验失败刚好过去了 23 年。

## 继续玩下去

退休后的海德既有钱又有时间,而且他想玩好某项体育运动的愿望还没有达成,于是他在家里建了个网球场,还请了一名专业教练教自己打网球。海德的技术很差,教练告诉他,如果他没有任何进步的话,那他就不教了。海德马上买了一台网球发球机,开始苦练击球技术。

不出所料,海德对于发球机的工作原理不太满意,又忍不住摆弄起来,他在改造这台机器上所花的时间比练网球的时间要多得多。改造完毕之后,他去拜访了制造这台机器的小工厂普林斯（Prince）公司。不久后,他收购了这家公司的多数股权,重拾改良体育运动设备的老本行。

对海德而言,打好网球变成了他二次经商的动力,但他现在练习网球的时间更少了。可想而知,海德肯定在想:如果他的网球拍质量更好的话,他就可以提高自己的网球技术了。

海德的屋子里有一个完整的机器加工车间,他开始在家制作铝质网球拍。海德注意到一点：与传统的木质网球拍一样，铝质网球拍击球时也会产生扭曲。他觉得这也许是他挥拍效果不佳的原因之一。为了消除多余的扭矩，他加固了球拍杆，并加厚了部分边缘，使它比其他球拍要厚一些。但这种改进没多大效果。海德说，经过 6 个月试验之后，有天他躺在休闲椅上听巴赫的交响乐，突然想到了问题的答案：与其重新分配网球拍的重量，不如把网面做得更宽大些。

然后，海德发现了一件让他大为惊奇的事情。在极其保守的美国网球界，成百上千条规则都是由美国草地网球协会（U. S. Lawn Tennis Association）颁布的。该协会掌管着美国的一切网球事务，甚至包括赛场上的人员衣着颜色、网球从口袋里掉出来时应该怎么做等细节问题。但是，这些细致入微的规则居然只把网球拍简单定义为"用于击球的工具"。前温布尔登网球锦标赛冠军罗比·里格斯（Robby Riggs）曾经用一把扫帚赢得了比赛。海德意识到超大尺寸的球拍网面和球拍框也许能获准使用，于是他制作了几个样品。他聘请了普林斯顿大学的一名工程师肯尼思·赖特（Keneth Wright）帮他分析网球拍的空气动力学特性。海德和赖特用老虎钳把网球拍夹紧，然后边朝它们发射网球，边使用慢速摄影技术记录击球的瞬间。他们研究了网球从各种网球拍的不同区域弹回时的速度，寻找球拍最佳击球点的精确方位，即球拍表面使网球以最快速度反弹的位置。

传统观点认为，最佳击球点总是位于网球拍面的中心，但海德和赖特发现，最佳击球点其实更靠近球拍杆。把拍头设计得大一些，就可以把最佳击球点移到拍面的正中心，使运动员的发球和拦截球打得更加势大力沉。更重要的是，他们发现由石墨塑料制成的新型大网面球拍的最佳击球点区域也更大，大约是传统球拍的 4 倍。这些发现让海德设计出了一款不会扭曲的大球拍，极大提升了运动员大力击球的概率。

这款新网球拍看上去就像是"巡航导弹与濒危河豚的混合体"。因循守旧者认为它是噱头而不屑一顾，但海德知道该做些什么。他得先创造机会，让大量专业网球选手使用他的"普林斯超大号"(Prince Oversize)系列网球拍。他找到了巴尔的摩乡村俱乐部的专业网球手唐·坎迪(Don Candy)，说服他让一些学员使用这款新网球拍。坎迪把一副"普林斯超大号"球拍送给了14岁的帕姆·施赖弗(Pam Shriver)，这副大球拍很适合帕姆的发球上网型打法，而且也很适合她的个性。当帕姆拿着这副古怪的球拍走上赛场时，她根本不理会其他选手的窃笑。1978年，年仅16岁的帕姆参加了美国网球公开赛(U. S. Open)并大爆冷门，淘汰了头号种子选手玛蒂娜·纳夫拉蒂诺娃(Martina Navratilova)。虽然在决赛中惜败于克丽斯·埃弗特(Chris Evert)，但帕姆那副奇特的网球拍很快便出现在美国各地的网球场上，而印在球拍正面大大的"P"字让人很容易知道制造商是谁。后来，海德卖掉了"普林斯"品牌，再次光荣退休，而此时距离他购买那台网球发球机刚好12年。

### 什么是"创业时间"？

海德是我最先认识的创业者。孩子出生后，我们全家搬到了新家，我知道街道另一头住着一位退休老人，他曾经给滑雪和网球运动带来革命性的改变。我们家所在的地方位于街道看不见两头的弯道处，不久我们就知道，每当海德开车经过弯道时，他会一直不停地按喇叭，很容易吵醒我那本来就不容易入睡的儿子。前几次我都忍了，到了大概第10次的时候，我看到他开车过来，于是走到街上，举起一只手，他停下了车。我对他说："您好，我知道您叫霍华德·海德，也知道您是一名工程师。声音是不会拐弯的，这个道理您肯定比谁都清楚。"海德先是愣了一下，接着便开怀大笑。不久以后，他邀请我和家人去他家做客，我们成了好朋友。

海德个子很高，为人谦逊，是个典型的"极客"(Geek)。刚认识他的时候，他显得有点害羞。跟许多极具天赋和干劲的发明家一样，他会毫不犹豫地说自己只是普通人，只不过运气好点，找到了自己人生的意义。当时我正在创业，只要一有时间，我就向海德取经。我向他提出的一个最难回答的问题就是："您创业的动机是什么？"这也是我现在问创业者最多的问题。海德的答案尤其值得深思。他说，他创业完全是不得已而为之，因为每当他看到或使用一个物件，总觉得可以对其加以改进。他改良"普林斯"发球机的故事告诉我们，他就是抑制不住改良产品的冲动。

回首往事，海德不禁陷入沉思中。他说，像他这种个性的人只要开始研发一款新产品，就不知道需要多长时间才能完成。海德认为，这样的人不知不觉就进入了"创业时间"的陷阱当中，而这正是创业魔咒的必然结果。发明家无视时间的压力，因为他们知道，无论花多长时间，他们都要发明一款近乎完美的新产品。

谈到时间与创新之间的关系，海德还提出了另一个观点。他说，一款新产品被市场接受的时间是发明这款产品所需时间的 2 倍。研制出改良型滑雪板之后，海德花了 10 多年时间才让滑雪爱好者明白他所做的事情；而"普林斯"系列网球拍在搅乱网球界原有格局之前，海德也差不多用了 10 年时间。

我在想，假如海德还在世的话，他的理论会不会变成这样：在如今互联网闪电般的沟通速度和直接面向消费者的营销方式加持下，他所提出的 2∶1 时间比是否已经不适用了？该周期是否已经缩短？尽管市场对新产品的接受速度已大幅提升，但海德的基本理论可能还是成立的，即在创新之前，必须先把产品创意推向市场，吸收客户的反馈信息，然后不断地重复这一过程，直至市场接受这款产品。海德和戴森都想方设法用新产品取代那些市场认为没必要改进的产品，他们笃定地认为这个世界需要更优质的真空吸尘器、滑雪板和网球拍，只不过人们不自知罢了。这种观点让我们想起亨利·福特曾说过的一句话。他说，假如他问潜在客户需要什么样的产品，客户会说他们需要"一匹跑得更快的马"。史蒂夫·乔布斯也持同样观点，他说："除非你把客户想要的东西摆在他们面前，否则他们是不会了解自身需求的。"

## 重塑市场，超越苹果

1979 年，保罗·斯特宾斯(Paul Stebbins)大学毕业。美国经济正处于衰退时期，他的就业前景"很黯淡，根本找不到工作"。于是，他回到了家乡康涅狄格州。保罗的邻居叫史蒂夫，他的一个表哥住在希腊。表哥有一艘货船，专门从欧洲运一些日用商品到纽约出售。到了纽约之后，船需要加油才能返回希腊，于是表哥叫史蒂夫帮忙买点燃油。表哥之所以找史蒂夫帮忙，是因为史蒂夫是他信得过的亲戚，而且还会说希腊语。史蒂夫对燃油一窍不通，他只能白天上班，晚上跟住在希腊的表哥通电话，探讨关于买燃油的事情，连续坚持了好几周时间。他需要帮助。

购买船用燃油需要递交许多申请文件，史蒂夫花钱请保罗帮他跑腿。保罗便利用业余时间往返于纽约和康涅狄格州之间。史蒂夫还告诉保罗，要眼观六路、耳听八方，尽量多了解一些关于采购船用燃油方面的知识。递交文件之余，保罗还参观了货船的机舱、码头油库、跨国银行的电讯室，有时候还能去参观曼哈顿装修精美的律师事务所。保罗对于自己学到的东西产生了浓厚的兴趣。到了晚上，他回到康涅狄格州，向史蒂夫汇报一天的工作和见闻，然后两人商量如何买卖燃油。保罗在大学读的是国际事务专业，在他看来，他的所见所闻正是真实具体的国际商业事务，与当初课本上描述的内容如出一辙。

深感振奋的保罗在纽约一家石油代理公司找了份业务员的全职工作。他很擅长现货交易，而且这份工作的收入对他这种 20 出头的年轻人来说已经相当丰厚了。然而，保罗还向往着更广阔的国际石油市场。他说："我知道，宏观市场正在发生变化，比如国际市场上销售石油的公司正逐渐增多；位于偏远地区、名不见经传的小公司的石油产量占比越来越大；船用燃油市场日趋混乱；那些保持石油价格稳定的旧势力正逐渐瓦解。"

迈克尔·卡斯巴尔（Michael Kasbar）与保罗·斯特宾斯同时进入石油代理行业。和保罗一样，卡斯巴尔走上石油贸易之路也纯属偶然。卡斯巴尔原本找了一份烘焙房学徒的工作，但遭到母亲坚决反对。母亲对他说，他是个大学生，应该有更好的前途，卡斯巴尔只能重新开始找工作。有一天，他在报纸上看到一篇文章，称石油行业将带领美国经济走出低谷，于是他决定进入石油行业。他找来一份《曼哈顿黄页》（*Manhattan Yellow Pages*），给那些自称石油企业的公司逐个打电话。最终，他在一家船用燃油代理公司谋得了职位。

进入石油贸易行业 5 年后，卡斯巴尔和斯特宾斯不期而遇。经过交流之后，两人都一致认为：埃克森和壳牌（Shell）等大型石油公司一直都是船用燃油的传统来源，而现在，它们似乎把越来越多的精力放在勘探、钻井和提炼高价燃油上面。因此，越来越多没有从业经验的小厂家开始涌入市场，优质船用燃油的供应量在持续萎缩。贸易商没有了稳定的货源，为了交付订单，它们只能从好几家炼油厂那里东拼西凑，而这些炼油厂往往是业内的无名小卒。

这种拼凑而成的燃油很容易造成灾难性后果。一旦来自不同炼油厂的燃油被勾兑到一起并输送到船上，人们便无法找到劣质燃油的来源了。这关乎船只的安危，因为燃油被掺杂了其他劣质提炼产品，很可能会导致船只受困于海上，而救援一艘在海上无法行驶的船只所要付出的费用和因此所造成的经济损失是巨大的。首先，要先派空船去接收滞留的货物；然后，再派远洋拖船去将受困船只拖到港口。由于延迟交货，船运公司要遭受巨额罚款；而最惨的是，受劣质燃油影响的船只通常要被送到干船坞更换新发动机，这个过程不仅花费巨大，而且要持续好几个月时间。倘若无法追踪燃油来源，船只受到严重损伤时就无法行使追索权。新燃油供应商所带来的风险正处于失控状态中。

1985 年，在与潜在客户和供应商进行长时间沟通之后，卡斯巴尔和斯特宾斯辞掉工作，一起创立了船用燃油代理企业运输技术服务（Trans-Tec Service）公司。他们说服了一位希腊运输业大亨（不是斯特宾斯的表哥）提供创业资金。有了雄厚的财力做保障，他们开始跟可靠的供应商签订石油期货合同。运输技术服务公司的客户都是大型船运公司，非常注重燃油的质量、数量和可靠性。由于大量采购燃油，卡斯巴尔和斯特宾斯比其他绝大多数买方和卖方都更了解全球燃油市场的发展方向，这让他们在买卖期货合同的过程中赚取了丰厚利润。

随着运输技术服务公司不断发展及其市场支配力的提升，它开始制订和实施贸易标准和产品检测标准，以确保炼油厂所供燃油的质量。该公司还进行了一些重要的创新，包括改进了船只在海上集合和补给燃料的方式。运输技术服务公司正成为全球最大的船用燃油和服务提供商。

有一段时间，卡斯巴尔和斯特宾斯一直想进入航空市场，但他们需要更多资源。他们发现了一家规模较大的公司 IRC，这家公司拥有与运输技术服务公司互补的资产。于是，他们开始收购这家公司，并最终成为该公司的拥有者。他们把两家公司的资源进行整合，使新的母公司能够实现卡斯巴尔和斯特宾斯预想中的指数式增长，成为全球最大的船用燃油和航空燃油独立供应商。这家公司就是如今著名的全球燃油服务（World Fuel Service）公司。

他们的策略奏效了。事实证明，航空燃油市场比船用燃油市场要大得多。进入航空燃油领域后，卡斯巴尔和斯特宾斯麾下的跨国公司便拥有了一张服务私人飞机行业的"专属商业名片"，它开始为客户提供包括地面运输在内的后勤物流服务。33 年前，两个年轻人创立了运输技术服务公司；33 年后，这家公司更名为全球燃油服务公司，客户包括世界各国的海军、大型班轮公司、游轮公司、世界最大的航空公司以及世界各地的卡车货运公司。全球燃油服务公司的业务遍及 200 个国家，拥有 4000 名员工，年营业收入超过 400 亿美元，超过《财富》杂志 100 强名单上的许多知名企业。从 2003 年到 2013 年这 10 年时间里，全球燃油服务公司的发展速度超过了苹果公司;在所有上市公司中,它的投资回报率是最高的。

卡斯巴尔和斯特宾斯跟戴森和海德很像,他们发现问题,并找到了解决问题的方法,而其他人尚未意识到问题的存在,更不用说采取行动了。他们想到一种进入全球燃油供应链的方式,然后利用自己的知识和经验去实践自己的想法。最终,他们的公司变成了一家全球性企业。

## 以初创企业作为创新平台

斯特宾斯告诉我,运输技术服务公司和全球燃料服务公司之所以能取得成功,是因为他和卡斯巴尔都把自己视为燃油代理行业的局外人。在业内人士看来,他们从炼油厂和物流渠道控制燃油质量的做法非常新颖,那些经验丰富的行业老手一再地劝他们说:"这是不可能做到的事情。"但是,他们依旧我行我素。

所有这些创业者都有一个共同点:当他们即将取得初步成功、初创企业能独立发展时,他们的角色会突然转变,从创业变成管理企业,这是两种截然不同的工作。谈起自己的经历,斯特宾斯称,他们最初"通过一项突破性创新转化成企业,然后持续不断地进行创新,使企业得以成长壮大"。他笑着说:"创新永不停止,企业管理者的职责就是寻找创新的机会。"

海德费尽周折才想明白了这个道理,他觉得很懊悔。我问海德为什么要收购普林斯公司,他回答道:"我不该卖掉海德滑雪板公司。"海德逐渐意识到自己是一名优秀的设计师,虽然很不喜欢管理公司,但他还是想继续创业。海德告诉我:"如果可以从头再来,我情愿不担任公司的管理职务,而是把自己提拔为总设计师,顺便研究一下网球。在我创立的第一家公司里,如果我想研发一款含大面积击球点的新网球拍,那是件再容易不过的事情,因为我已经把创新文化融入公司的血液中,我的疯狂想法很容易得到别人的理解。"

　　戴森就想得很透彻,他希望将创新的乐趣一直持续下去。从创业那一刻起,他就认定公司未来不会仅仅制造真空吸尘器,他要把公司打造成创新平台。跟许多创业者一样,他一直将创业视为永不停止的过程。戴森科技学院(Dyson Institute of Technology)是戴森最近成立的机构,它是一家工程设计类高校,位于英格兰威尔特郡(Wiltshire)戴森公司园区。学校于 2017 年 9 月份开始招生,首批 25 名学生免收学费。实际上,公司还给首批学生支付工资,而且在学习工程技术之余,他们还有机会与公司派驻英格兰、新加坡和马来西亚各地的工程师共事。戴森是一位不知疲倦的发明家型创业者,他无时无刻不在想着处理和解决新问题。

　　正因为现实环境具有不确定性,所以戴森、海德、卡斯巴尔和斯特宾斯从不浪费心思去制订商业计划,他们甚至不确定自己是否想要成立一家公司,只是认为自己有个好点子而已。海德讨厌做计划,也许他觉得许多管理规定"错误至极,因为创新与计划是不可共存的"。有一次,我在海德家里的书房跟他聊天,周围放着几副他早期发明的滑雪板。海德指着其中一副由不锈钢边和层压板组成的滑雪板给我看,那是他做出来的第一副滑雪板。在推出这副滑雪板之后,海德听说不锈钢边缘使滑雪板更容易转弯,滑雪爱好者把这种板称为"作弊板"。看到自己的滑雪板具备一种超出设计意图的性能,这对他来说简直太神奇了。"发明创造是件很有意思的事情。在探索某个事物的时候,也许你会偶然发现一些更重要的东西,"他补充道,"创新只青睐那些持之以恒的人。只有在发明了一款产品之后,你才能不断改进这款产品。"

## 第六章　大公司是初创企业的老师

　　在工业革命开始之前,社会学家马克斯·韦伯(Max Weber)注意到一个现象:随着企业规模越来越大,企业内部会出现制订规则的官僚主义机构,这些机构使创新变得越来越困难。然而,一些知名企业每年都会推出具有创新性的产品,这些企业包括亚马逊、苹果、宝马、通用电气、惠普、IBM、英特尔、宝洁、美敦力、耐克和丰田等。它们不仅是创业者的摇篮,也是创业者的学校。史蒂夫·沃兹尼亚克在惠普公司学到了不少东西,他非常喜欢待在惠普,直到来自游戏机制造商阿塔里(Atari)公司的史蒂夫·乔布斯要求他辞职出来一起创业。韦伯知道,他所说的"资本主义精神"可以产生对抗官僚主义的力量,这种力量将促使初创企业脱胎于大公司。事实证明,某些初创企业比它们的母公司更加具备成功的潜力。

　　接下来,你所读到的创业故事来自那些曾在大公司工作过的创业者。从这些故事当中我们可以了解到一点:虽然他们本身没料到自己会创业,但在大公司学会的经商方式却是他们创业的关键。在每一个案例中,创业者都是利用在大公司工作所获得的大量经验和教训取得成功的。

　　阿尔特·齐奥卡(Art Ciocca)正在纳帕谷(Napa Valley)的一座葡萄园里检查葡萄长势,这座葡萄园距离他纽约的办公室有 2500 英里(约合 4000 多千米),而此刻正是他感到最温馨的时刻。齐奥卡是纽约可口可乐瓶装公司(Coca-Cola

Bottling Company）下属企业美国酒业集团（The Wine Group）总裁。一位朋友打电话过来，说他听到一些关于可口可乐公司要出售酒业集团的消息。齐奥卡不相信这是真的，因为他刚刚获得可口可乐董事会的赞扬和奖励，而且董事会同意给他3年时间率领酒业集团转型。

可口可乐公司首席执行官确认了这个消息。他告诉齐奥卡，公司董事会将在第二天投票决定是否出售酒业集团。齐奥卡感到极为震惊，除了觉得自己被人出卖以外，还有另外一个原因。他说："为了扭转局面，我的团队付出了艰苦的努力。正当形势开始好转的时候，可口可乐却决定抛弃我们。如果被一家大型酒企收购的话，我苦心经营的团队恐怕就要就此解散了。"

当晚，齐奥卡飞往纽约，他与董事会争论说，葡萄酒的市场需求每5年翻一番，而可口可乐要面对传统软饮料市场的激烈竞争，其市场需求可没有如此大的增长空间。董事会的一名董事说，可口可乐从一开始就不应该涉足葡萄酒，因为葡萄酒与软饮料是风马牛不相及的两种产品。听闻此言，齐奥卡说了一句连自己都觉得惊讶的话："如果你觉得美国酒业集团没有前途，那我就把它买下来。"

会议一结束，齐奥卡就立即乘飞机返回旧金山，与他认识的唯一一名银行家谈论投资事宜。这位银行家后来告诉我，齐奥卡第二天吃早餐时问他的第一个问题就是："什么是杠杆式收购？"齐奥卡知道，他要说服投资人支持他，这样他才有足够资金与其他买家分庭抗礼，而这些买家很可能是拥有强大资产的饮料巨头，对它们来说，收购可口可乐公司的葡萄酒业务只不过是一个常规收购项目而已。

不过，齐奥卡有一个优势：他是美国酒业集团的重塑者，对企业的方方面面了如指掌；他亲手组建了一支优秀的团队，与供应商和经销商保持着良好关系，产品销售实现了大幅增长。齐奥卡宣称，如果酒业集团被其他公司收购，他将辞去总裁职务。最终，他获得了投资人的支持，成功收购了美国酒业集团。

## 创业者的必备素质

齐奥卡在哈德逊山谷(Hudson Valley)一个关系亲密的意大利裔美国人家族中长大。十几岁时,他的祖父便教他如何护理葡萄树;到了秋天,他还要为家族酿制来年喝的葡萄酒。读大学时,齐奥卡选择了生物学专业,他想追随父亲的脚步,成为一名医生。然而,读完大学之后,他应征服役3年。齐奥卡加入了美国海军,成为一名军官,驻扎在纽约布鲁克林区,他利用晚上的时间攻读工商管理硕士学位。

他在通用食品(General Foods)公司找到了人生第一份工作,工作地点在旧金山市。齐奥卡爱上了加州,尤其是它那美丽的葡萄酒之乡。后来,公司打算把他调回纽约总部,他毅然辞职,在旧金山另外找了份工作。3年后,他跳槽到加洛兄弟(Gallo Brothers)酿酒厂。这是一家葡萄酒厂,专门销售玻璃加仑罐装混合型葡萄酒。

齐奥卡加盟加洛兄弟酿酒厂时,正值20世纪70年代,当时的美国人还不太懂得用葡萄酒佐餐。那时候的加州葡萄酒生产还处于家庭手工业阶段。齐奥卡的职责就是扩大加洛兄弟酿酒厂的市场规模,也就是说,他要弄清楚如何才能让更多美国人喝葡萄酒。回想起与欧内斯特·加洛(Ernest Gallo)紧密合作的那段日子,齐奥卡觉得自己非常幸运:"他是我最好的榜样,加洛是一位了不起的企业家,虽然他的酿酒厂比较小,但他的远见卓识在当时的加州是无人能及的。他夜以继日地工作,使加洛红酒这个原来只有意大利裔美国人喝的葡萄酒品牌变成深受所有美国人欢迎的产品。"

不过,加洛兄弟酿酒厂始终是家族企业。尽管已经帮助公司实现销量翻番,但齐奥卡深知自己在这家公司的职业前途有限。鉴于齐奥卡对葡萄酒行业有着深入了解,可口可乐纽约分公司聘请他主管该公司的硬饮料业务,担任美国酒业集团总裁。齐奥卡回忆说:"当时,可口可乐的葡萄酒业务处于亏损状态。我知道,未来3年的差事可不轻松,要经常往返于加州和纽约之间。但我很有把握让美国酒业集团扭亏为盈。那时候我还在想:假如真的能做到这一点,说不定哪天我还能掌管整个可口可乐公司。"

正当美国酒业集团实现盈利时,可口可乐总部却开始重新考虑是否继续经营一项与公司核心竞争力没有直接关系的业务。可口可乐被百事可乐抢占了不少市场份额,要夺回失去的领地,可口可乐必须投资新建一间更高效的工厂,并且多做广告。忽然之间,可口可乐管理层开始将葡萄酒业务视为累赘。

在收购美国酒业集团时,齐奥卡就知道自己在冒险,但他并不十分清楚风险来自何方。就在他完成收购后不久,美国经济便崩溃了,银行贷款利率接近19%。齐奥卡当时40多岁,他所要执掌的公司负债比第一年的预计年营业收入高26倍;雪上加霜的是,随着经济持续低迷,市场对于葡萄酒的需求量也在下降。

然而,齐奥卡在一年之内便实现了突破。当年葡萄大丰收,致使葡萄价格低于他的预测,美国酒业集团有机会盈利。但是,公司又遇到了一个难题。几家大的酿酒厂不希望竞争对手搅局,它们发起了激烈的广告大战,其目的就是从美国酒业集团手里争夺市场份额。面对来势汹汹的对手,深陷债务泥潭的酒业集团毫无还手之力。

齐奥卡知道,只有提升葡萄酒品质、降低产品售价,公司才有生存的机会。他要开发出大众市场感兴趣的新品。齐奥卡和他带领的团队把宝全部压在一个创意上面,这个创意有可能会改变眼前被动的局面。他们把廉价葡萄酒与果汁混合在一起,制成冰镇果酒饮料。这种饮料现在几乎已经被人们遗忘了,但在当时,它掀起了一股热潮,而美国酒业集团成为这股风潮的引领者。到了第二年,公司共卖出100万箱冰镇果酒;第三年,销售额翻了一番。齐奥卡用这些收益去偿还债务,并且为进一步创新做好了准备。

回想起当初的成功,齐奥卡说,他最大的心得就是不要把太多精力投入到市场营销,而是紧抓创新不放:"创新是美国酒业集团取得成功的关键所在。每一年,我们35%的利润来自近三年内研发的产品。"自从他30年前收购并重组美国酒业集团以来,该公司的规模已经是当初的25倍,旗下品牌包括弗朗西亚(Franzia)、肯嘉尼(Concannon)、爱玛登(Almaden)、科柏谷(Corbett Canyon)、鹦歌(Inglenook)、雾号(Foghorn)以及其他诸多酒庄品牌。如今,齐奥卡的公司已经成为世界三大葡萄酒制造商。2013年,该公司推出的以年轻职业女性为消费群体的"纸杯蛋糕"(Cupcake)牌葡萄酒成为美国最畅销的高端葡萄酒产品。

## 青出于蓝

齐奥卡从没想到过要创业。他只想在职场中步步高升,有朝一日能管理一家大公司。但是,平地起波澜,职场中发生的一些意想不到的事情改变了他的人生轨迹。然而,他的经历并不罕见。研究表明,许多初创企业都脱胎于大公司。

总的来说,大公司的创新成果实在太多,它们无法被全部吸收。在美国的经济结构中,创新的最大源泉既不是初创企业,也不是高校,而是知名企业。美国每年产生的新专利当中,90%来自知名企业。举个例子:2015年,IBM公司申请的专利达7000件,其中2%属于获奖专利。在不断出现的创新成果面前,大企业会持续调整自身的战略方向,造成的后果之一就是运营单位不断外流,创新举措不断被抛弃,不再被视为公司未来发展的关键因素。可口可乐纽约公司曾将葡萄酒视为多元化和业务增长的渠道,但在日益增大的核心业务压力面前,它只能接受管理学的一句老话:"多做自己擅长做的事情。"

大约10%的初创企业脱胎于创始人所效力的最后一家雇主。在本章中,我们将会遇到其他创业者,他们从未想过离开自己供职的企业,更别提自立门户了。像齐奥卡一样,很多人之所以成为创业者,是因为他们的雇主认为某些业务对于母公司的发展没有太大帮助,于是他们收购了这些业务。还有些人认为自己的某个想法很有发展前景,公司却拒绝接受这种想法,在深感失望之余,他们选择辞职,凭借自己的创意去创业。这两种都是脱胎于大企业的创业者。

## 面向未来

54 岁那年,弗雷德·瓦勒里诺(Fred Valerino)开始了人生的首次创业。与齐奥卡非常相似的是,他完全是在被动的情况下创业的。大学毕业以后,瓦勒里诺进入了兰森制造(Lamson Manufacturing)公司工作。这家公司在 19 世纪末发明了气动管,有了这种先进的设备,百货商店传送销货单和现金便易如反掌。当时,绝大多数百货商店都安装了兰森的气动管系统;20 世纪初,该公司为伦敦哈罗德百货公司(Harrods)安装的气动管长达 39 英里(约合 63 千米)。如今,该技术依旧可以在家得宝公司的每一家超市中看到。它的工作原理是将现金放入圆柱形载物筐中,载物筐在压缩空气的推动下沿着金属管被送入或送出经理办公室。

瓦勒里诺为兰森制造公司工作了 25 年。正当他要为此而庆祝时,美国最大的银行保险柜制造商迪堡(Diebold)公司收购了兰森。在 1871 年的芝加哥大火事件中,迪堡所产的 800 只保险柜丝毫没有受损。从那以后,该公司便一直为美国银行业提供更安全和更现代的技术。迪堡当时正在推进"免下车取款"服务,而兰森的气动管系统刚好派得上用场。随着美国城市的郊区化建设如火如荼地进行,带有创新色彩的"免下车取款"服务也应运而生。气动管技术让银行客户不用下车就可以通过远程提款机进行取款。

收购兰森之后,迪堡一跃成为医用气动管市场的最大供应商。1904年,兰森就在梅奥医学中心(Mayo Clinic)安装了第一套气动管系统,将手术室和实验室连接了起来。这样,医生在进行外科手术的过程中,实验室可以同时对病人的样本进行分析。从那时起,数以百计的医院开始使用气动管系统来传送药物、病历和账单资料。并购之后,瓦勒里诺的职责就是为迪堡开发医院客户。

然而,迪堡对于服务医院客户一直不太感兴趣,银行才是它的本业。后来,迪堡决定成为自动取款机行业的最大制造商,它要为银行提供24小时不间断的传送服务;因此,它认为应用于医院的气动传送技术已经不是自己的核心竞争力了。事实上,很多医院正在弃用气动管系统,转而采用计算机传送实验室结果。

瓦勒里诺的做法与齐奥卡如出一辙。他请求迪堡管理层将医保行业视为公司将来进军更广阔市场的一种渠道;他认为,随着人口老龄化和医保覆盖范围的扩大,对医保服务的需求将大幅增长,医院、私立疗养院和诊所都需要借助气动管传送实验室测试数据和药物。瓦勒里诺还认为,随着无现金经济持续演变,市场对于迪堡取款机技术的需求将会下降。

迪堡管理层没有理会瓦勒里诺的呼声,他们迫切地想结束医保业务,便提议由瓦勒里诺来承接这部分业务,但交换条件是他要继续履行现有的客户协议,直到这些协议终止。他们留给瓦勒里诺的是一个正在经营当中的公司和少量营业收入。

然而,在瓦勒里诺看来,这家初创公司表面上是免费得来的,但他要付出惊人的代价。虽然这家公司没有负债,但也没有拳头产品。在用气动管传送物品之前,用户仍然要调整每个载物筐上的编号铜环,并将载物筐送往指定目的地。这与一个多世纪以来所使用的机械传送法毫无差别,远称不上完美;装有血液样本、药物或文件的载物筐一次性到达准确地点的概率只有80%。尽管医院已经开始使用计算机将实验室检测结果发送给病患护理人员,但样本还是得送到实验室。有些医院甚至恢复了人工传送的方式。

瓦勒里诺成立了自己的新公司,并取名为佩维科(Pevco)智能管道公司。跟齐奥卡一样,公司成立不到一年,他就得到了命运女神的垂青。许多病人由于误诊而丧命,医院因此饱受批评。一项研究表明,每天有400名住院病人因误诊而死亡,误诊原因包括实验室检测样本被混淆、给病人用错药等。这项研究的结果引起社会的一片哗然。新闻报刊称,医疗事故死亡率如此之高,死亡人数相当于每隔两天就有三架波音747飞机坠毁!瓦勒里诺知道,如果他能建造零缺陷的管道系统,不混淆实验室样本或不给病人用错药,那他的新公司也许就能生存下来。

他找到马里兰州一所乡村医院,并对医院负责人说,这是一个涉及医院生死存亡的问题。院方同意购买一套新系统,前提是佩维科公司能确保98%的传送准确率。否则的话,这套系统将免费送给医院。瓦勒里诺设计了一套引导系统,给每个载物筐都配备了条形码,用电脑持续追踪这些载物筐的去向。从系统开始运转那刻起,传送准确率就达到了100%,这笔孤注一掷的买卖终于达成。客户非常满意,而这对其他医院具有很高的参考价值。瓦勒里诺为医疗机构的气动管传送系统注入了新的活力。

他以创新为赌注,重新激活了一款具有上百年历史的产品。如今,佩维科公司拥有将近100项专利,并建有两间工厂,一间位于巴尔的摩,另一间则位于休斯敦。在全美国的3200家医院中,有1/4安装了佩维科系统。该系统不仅节省了人力,还减少了因混淆检测样本和药物而可能引发的法律诉讼数量。2015年,瓦勒里诺的公司安装了世界上最大的气动管系统,将休斯敦的6家医院连为一体。

## 从外太空到健安喜(GNC)的货架

大卫·凯尔(David Kyle)在航空航天业巨头马丁·玛丽埃塔(Martin Marietta)公司的工业研究实验室工作。凯尔是一名生物化学博士,跟许多一起共事的科学家一样,他放弃了大学教授职位,从事最尖端的科研工作。他在实验室的职责是将海藻变成可以处理废物的催化剂、食物来源和氧气来源,供国际空间站的宇航员使用。

经过两年研究之后,马丁·玛丽埃塔公司决定重操旧业,继续生产军用飞机。空间站实验室不再纳入公司发展计划中。凯尔担心自己会失业,他接受了康奈尔大学的邀请,准备返校任教。然而,马丁·玛丽埃塔公司对凯尔另有安排,这个安排改变了他的人生。公司提议,由凯尔和另外两名同事牵头,把实验室变成一家独立的公司。凯尔回忆说:"马丁·玛丽埃塔公司给我们提供了一个最佳的分手方案。"除了将实验室所有设备都留给这三个人以外,公司还支付了他们一年薪水。

他们创业的困难在于一无客户,二无可以销售的产品。凯尔和他的两名合作伙伴要重新确定研究方向,为海藻寻找一条可以赚钱的实际用途。他们都认为海藻可以研制成民用产品,但首先要对成千上万棵菌株进行试验,这是一项非常艰巨的任务。创业时机就在眼前,他们三个拿出自己的存款,共25000美元,创立了马泰克(Martek)公司。

紧接着,他们的注意力集中到50棵菌株上,这些菌株是他们认为最有可能转化为商业用途的样品。他们签订的第一份科研合同是想办法转化鸡饲料中的脂肪分子,使鸡生出胆固醇含量低的鸡蛋。马泰克公司推出了它的首款产品:一种稳定性比石油提炼物高出数倍的植物油,而这款产品是鸡饲料研究项目的副产物。它的售价高达每盎司好几千美元,主要用于润滑陀螺仪等精密仪器上的轴承,除此之外也有其他用途。他们用硝酸盐、磷酸酯以及二氧化碳等的各种混合物对一棵又一棵菌株进行发酵实验,很快就制造出食用色素和可用于临床诊断的荧光增白剂。

成立之初,马泰克公司只能靠生产这种专业产品和美国联邦政府给予的科研

补助勉强维持下去。美国政府设立了"小企业创新研究奖"（Small Business
Innovation Research Awards, SBIR），专门帮助高科技初创企业研发可用于商业
用途的产品。有了这笔补助金，凯尔的团队用海藻提炼出了二十二碳六烯酸，也
就是我们常说的 DHA。DHA 被发现于 20 世纪 20 年代，是人类已知的"有益"脂
肪之一，更是维持心脏健康必不可少的生物元素。在学会从海藻中提炼出 DHA
之前，人们一直都从动物和鱼类身上提取该元素，而动物和鱼类难免受到污染，从
而使 DHA 的效果大打折扣。越来越多消费者希望吃到有机产品，这种需求给马
泰克公司打开了市场的大门。

为了大规模生产 DHA 和其他提炼自海藻的保健品，公司需要能够使产品持
续发酵的大型设施。有几家创投企业向马泰克提供了启动资金，公司收购了两家
废弃的啤酒厂。1993 年，也就是马泰克公司成立 8 年后，它开始公开发售股份。
马泰克成为世界上主要的海藻类食品补充剂制造商，为全球数千家企业提供产
品。该公司还与健安喜（General Nutrition Centers, GNC）连锁店联合推出保健
品品牌，并且为进入沃尔玛等其他零售渠道创立了自有品牌。

2010 年，马泰克的 3 位联合创始人作价 11 亿美元，将公司卖给了一家跨国
食品原料企业，而此时距离他们筹集 25000 美元创业已经过去了 25 年。

## 失望的企业发明家

齐奥卡、瓦勒里诺和凯尔也许不符合人们心目中的创业者形象。在某些人看
来，他们是企业的高管，由于雇主的经营战略发生转移，他们有机会拥有自己正在
经营的企业。他们本来可以无视这些机会，跳槽到其他公司继续打工，或者像凯
尔那样拥有博士头衔的人可以回大学任教。然而，他们并没有这样做，而是勇敢
接受创业的挑战，为公司制订远景规划、进行技术创新、承担巨大风险并持之以恒

地将产品规模化。对他们来说,从小做起是件不太可能的事情。在葡萄酒行业的诸多巨头面前,齐奥卡的公司相形见绌;瓦勒里诺在接手公司时,手里只有过时的技术;而凯尔知道,他所接手的实验室只靠空间站这个唯一的客户肯定是无法盈利的。

齐奥卡对我说:"我从没把自己当作创业者。在我经营企业的那个年代,人们还没有使用'创业'这个词。但是,我从欧内斯特·加洛身上学到一个经验:只有把承担风险视为成功的必要条件,我们才能有所作为。这是创业者独有的特征。但是,我认为承担风险的前提是知道风险的边界在哪里,然后坚信自己的远大目标能够促使企业成长。为此,我们要不断探索未知事物,经常向市场推出一些带有公司鲜明特征的产品。所以,跟每一名成功的创业者一样,我管控风险的方式就是关注创新。"

回忆起佩维科公司成立早期的日子,瓦勒里诺的经历与那些被人们奉为偶像的创业者的如出一辙。他三年没有领工资,而且把自己的所有积蓄都用于支付供应商的货款。他接手的员工队伍加入了工会组织:"我得按时缴纳会费,否则就会被工会约谈。"他大笑着对我说,当时他只能租用一间小房子来当办公室,而竞争对手为了劝潜在客户别跟他做生意,还专门拿他公司总部的照片给客户看:"如果有人认为我不是创业者,那我就真的不知道谁才算得上创业者了。我全副身家都押在公司上,就是要憋着一口气创建一个完美的气动管系统。"

凯尔认为,马泰克公司所面临的挑战就是利用团队在海藻栽培方面尚未完善但却相当先进的知识来生产相关商品。从制造业角度来说,收购旧酿酒厂以及大规模发酵海藻是要承担巨大风险的。马泰克公司花了12年时间才实现盈利。凯尔说:"那时候我经常夜不能寐,心里在想,如果回校教书,那生活该是多么简单和安心。"

齐奥卡、瓦勒里诺和凯尔的创业机会不是他们亲手创造出来的。与所有企业一样,可口可乐、迪堡和马丁·玛丽埃塔这三家公司会根据市场环境的变化权衡各种业务的战略重要性,并卖掉那些它们认为与公司未来发展关系不大的业务模块,至于这样的决定是对是错,只能任由后人评说。大公司每年都会出售数以千计的业务单元,而接手的通常都是它们的员工。

这些大公司会孕育出另一种类型的创业者。有些员工在为公司工作的过程中产生了某种创意,但由于公司管理层没有对这些创意表现出任何兴趣,有时甚至不作任何反应,所以他们选择离职创业,将自己的创意付诸实施。这些员工之所以辞职创业,是因为雇主认为他们的理念和创意缺乏发展潜力,对公司的未来没有帮助,在备感失望之下,他们只能选择另起炉灶。

## 创新要有栖身之所

罗伯特·诺伊斯(Robert Noyce)和戈登·摩尔(Gordon Moore)无疑是最出名的两个因失意而创业之人。他们鼓起勇气,想说服雇主利用一项研究发现使企业实现爆发式增长,却被当头泼了冷水,于是愤而创业。两人的职业生涯始于贝尔实验室(Bell Lab),该实验室可能是人类历史上最著名的产业研究机构。他们的上司是诺贝尔奖得主、发明了晶体管的物理学家威廉·肖克利(William Shockley)。晶体管问世后,用于制造收音机、电视机、雷达和电脑的真空电子管一夜之间便被淘汰了。在肖克利辞职创业后,诺伊斯和摩尔也追随老上司的脚步,离开了贝尔实验室,加入了肖克利的初创企业中,他们认为这家新公司肯定会致力于推动半导体的研发和生产。两年后,他们发现肖克利显然更想进行深入研究,而不是抓住他们所谓的黄金机遇去生产半导体。

诺伊斯和摩尔找到仙童摄影器材公司(Fairchild Camera Corporation),希望这家公司能够资助他们创业。他们连新公司名都想好了,就叫“仙童半导体公司",专门生产晶体管并将其组装到微芯片上。新公司位于加州山景城(Mountain View),那里有许多将微芯片应用于各种新设备(包括电脑)的初创企业。诺伊斯和摩尔逐渐意识到,市场对于半导体的需求远超出他们的想象,他们预测市场需求将会每两年翻一番。在他们看来,如果仙童摄影器材公司能够帮他们建造一间大工厂,那他们的公司就会为仙童带来巨大收益。然而,仙童对此不感兴趣,不想承担风险。诺伊斯和摩尔只好再次失望而归,自己成立了英特尔公司。后来,英特尔成为全球最大的微芯片制造商,世界各地很多个人电脑的中央处理器都印有英特尔的标志。如今,英特尔的企业规模是仙童的 75 倍。

另一种普遍存在于我们日常生活当中的科技产品也经历了大致相同的演变历程。王者无线电通信(King Radio Company)公司位于堪萨斯州,盖瑞·伯勒尔(Gary Burrell)在这家公司担任设计总监,他聘请了刚拿到博士学位的电气工程师高民环(Min Gao)。借助半导体技术,他们一起为王者无线电通信公司客户制造的小型飞机设计新型通信与导航系统,这些客户包括塞斯纳(Cessna)、派珀(Piper)和比奇(Beechcraft)等飞机公司。后来,联合信号公司(Allied Signal)[即霍尼韦尔公司(Honeywell)前身]收购了王者,伯勒尔和高民环接受了一项绝密任务——为携带核弹头的导弹研发制导系统。他们对原有的通信与导航系统重新进行设计,利用当时刚出现的卫星信号对地球上任何地点进行精确定位。

伯勒尔和高民环很快便意识到,这种用于引导导弹的全球定位系统(GPS)可以用来提高飞机和船舶导航的精确度。他们向联合信号公司解释说,由 GPS 信号转化而来的商品必将有巨大的市场潜力。但无论他们怎么说,公司高层都坚信一点:美国国防部武器系统才是 GPS 未来的发展方向。1989 年,美国政府允许将卫星定位信号民用化,伯勒尔和高民环便辞职创立了一家新公司。

他们为新公司取名为"佳明"(Garmin),即伯勒尔和高民环英文名字的组合。一年后,佳明在 1990 年芝加哥海洋科技博览会(1990 Marine Technology

Exposition)上推出首款船舶助航产品 GPS 100,产品一亮相便一鸣惊人。博览会结束时,伯勒尔和高民环收获了 5000 份订单和满满的自信,他们更加坚信下一款产品应面向大众消费市场。他们开始着手研发一款名为"佳明小博士"(Garmin eTrex H)的手持式 GPS 设备,并于 1991 年正式推向市场。佳明公司立刻引起了各方的广泛关注;新闻报道甚至说,在海湾战争期间,美军士兵在战斗中也使用便携式的"佳明"导航设备,该产品顿时抢占了巨大的市场份额。如今,我们所有人在日常生活中都在使用佳明的技术,比如,移动设备上的地图绘制软件、行李追踪软件以及爬山时使用的海拔高度定位软件等,这些都是以佳明的 GPS 导航技术为基础的。

## 创业之前要有职场经历

将近 90% 的创业者在创业前都为其他雇主工作过,他们在职场中的平均工作时间接近 10 年。处于萌芽期的创业者必须从知名企业那里学习经验,这些经验在他们创业时会派上用场。如果你有志于成为创业者,你要如何最大限度地利用这些经验呢?

### 为创新型企业工作

当尤因·考夫曼获悉至少有 15 家初创企业是由马里昂实验室的前员工创立时,他感到非常高兴。他把自己的公司视为其他创业者的摇篮,只要员工是带着好点子辞职创业的,并且不与马里昂实验室产生直接竞争关系,他的公司就鼓励这种创业;即使公司规模不断扩大,他也要竭尽全力保护好这种精神。

### 学习创新流程

仅仅身处创新环境是不够的。有志于创业的人应注重学习企业研发新产品的流程。企业是如何把研究成果转化为产品的？企业销售队伍提供的市场反馈是如何促使产品设计不断演变的？企业出资购买新机器或新厂房的决策流程是怎样的？

此外，你还要学习企业内部不同产品是如何实现增长的。随着一条产品线的创新不断加速，那些增速较慢或风险增高的产品或部门通常会被抛售掉。齐奥卡和瓦勒里诺就曾遭遇过这种局面。大公司的员工必须要弄清楚公司是如何以牺牲其他产品为代价推动某一款产品发展的。当公司改变产品组合时，部分产品可能面临分拆的局面，有志于创业的员工便可抓住这样的机会。

**重视规模**

很多没有大企业工作经历的创业者会下意识地约束自己的野心，不敢想象自己的初创企业规模会变得多大，其中一个原因就是很多创业者从未见识过大企业或大型仓库内部，而从这些场所可以看出一个企业的规模。

杰夫·贝索斯原本是华尔街银行业的青年才俊，后来创立了亚马逊公司。如今，该公司在美国几乎每一个州都建了巨大的仓库。在创业之前，他曾拜访过很多公司和工厂，也见识过复杂且大规模的物流系统是如何运转的。此外，贝索斯还分析过很多财务报表，从中了解到大企业的经营范围和规模。有了这样的经历，贝索斯在亚马逊刚成立的时候就能想象出它以后成为大公司时的样子。

**掌握行业知识**

如果创业者曾在大企业工作过，那么在创建公司时，他们几乎不会选择自己不熟悉的行业，因为他们已经掌握了某个行业的知识。齐奥卡曾在加洛兄弟酿酒厂工作过，并管理过可口可乐的葡萄酒业务，拥有 10 年工作经验，对于葡萄种植、酿酒、管理瓶装厂以及配送和分销的每一个细节都了然于心。当机会出现时，他便有足够的能力去收购和经营美国酒业集团，把它作为自己的初创企业。

一个行业是由产品、制造产品的技术以及购买产品的客户组成的。竞争者采用同样的原材料和同样的生产流程,在大多数情况下还会采用同样的销售渠道。那些长期效力于一家公司的员工学会的不仅仅是该公司的运作模式,还有整个行业的规则。某个行业的高管经常从一家公司跳槽到另一家公司,企业之所以愿意聘请他们,不是因为他们能够带来竞争对手的机密信息,而是因为他们熟悉该行业的共有文化。举个例子:对塔吉特公司而言,梅西百货(Macy's)的员工是有价值的,因为他们了解零售行业的基本运行规则,而不必从头学起。

出于同样的原因,创业者也喜欢聘请有行业经验的员工。如果你创立了一家生产方糖的公司,那么,曾在好时(Hershey)或雀巢(Nestle)公司工作过的人就是理想的应聘者,因为他不仅知道如何采购可可粉和批量生产糖果,也知道糖果批发业务的特点,对于如何进行有效营销更是了如指掌,这样的员工可以给你的产品带来现成的客户。

**培养行业人脉**

大企业的员工必然会认识很多公司内部或行业内的同事和朋友。对于出身于大企业的创业者而言,这种人脉关系网的重要性体现在诸多方面。在美国酒业集团工作时,齐奥卡认识从葡萄种植园主到酒水专卖店的所有葡萄酒从业者。当他离开可口可乐公司创业时,可以充分利用这些积累起来的人脉关系。齐奥卡说:"假如没有行业人脉,我可能连买葡萄的机会都没有。"

瓦勒里诺满怀深情地回忆说,当初佩维科公司没有足够资金购买零部件,幸亏他以前在迪堡工作时认识的供应商向他的公司提供了信用贷款。伯勒尔和高民环在国防工业界拥有良好的人脉,当他们去找船运公司推广新的导航产品时,对方对他们的良好声誉有所了解,而且也看到了卫星定位技术的优势,所以早就准备好购买他们的产品了。

**商业计划书与衍生公司创始人**

每一家大公司都有专门制定战略的工商管理学硕士（MBA）团队。可口可乐、迪堡、马丁·玛丽埃塔、仙童和联合信号公司等企业都制定了最新的商业计划书，它们都想把公司过往取得的成就和核心竞争力变成未来的增长动力。然而，它们都没有预见到齐奥卡、瓦勒里诺、凯尔、伯勒尔和高民环等人会在机缘巧合之下辞职创立新公司，其中几家初创企业的规模甚至逐渐超过了它们。比如：联合信号公司的管理层没有看到伯勒尔和高民环所描述产品的市场潜力，因为公司的原定策略是为国防部提供制导武器，民用导航产品不在其武器研发和生产战略范围之内。

一家上司公司的总裁曾对我说："我们当然有商业计划书，假如有人来收购我们公司，我会把计划书拿出来，但通常情况下，我把它锁在了办公室抽屉里。如果我让公司上下传阅这份计划书，员工们就会不惜一切代价去实现计划书上的目标，甚至拒绝接受客户不断呈现给我们的机会。此外，我不希望自己的员工因为自身想法未得到公司重视而离职创业。"

**雇主可以从衍生公司创始人身上学到什么？**

绝大多数衍生公司创始人从未想过要创业，因为他们大部分人都是原公司的忠诚员工。创业之前，他们在原公司的平均工作年限为 6 年，比如今的雇员平均任期还要多两年，这也证明了他们自身的价值。他们之所以向原公司管理层提出扩充产品线或进行某种创新的建议，是因为他们真的想看到自己的老东家变得更加成功并获得更多收益。

经济学家阿尔伯特·赫希曼想知道为什么一些企业没有像其他企业那样快速成长。他研究了一些员工的行为特征，发现这些员工对于企业未来的看法与老板截然不同。赫希曼在其著作《退出、呼吁与忠诚》（*Exit，Voice and Loyalty*）当中提出，很多企业员工之所以离职，是因为他们的前任雇主没有明白一个道理：假如公司欣然接受员工提出的长远设想或创新方案，那公司的未来将无比光明。赫希曼认为，当这些员工看到自己无法对企业未来的成就做出任何贡献时，他们会觉得很失落。

　　齐奥卡略带一丝遗憾地回忆道："可口可乐没有把葡萄酒当作未来产品的发展方向，它本应成为全球最大的葡萄酒公司的。"多年以后，瓦勒里诺对迪堡的忠心依旧不减，他还记得当初自己很不想离开迪堡公司。"迪堡是一家伟大的公司，我挣的这些钱本该属于它的，"他继续说道，"只要它认定气动管未来最大的市场在医院。"瓦勒里诺说的没错，医院对于气动管的需求增长迅速。回想起来，齐奥卡、瓦勒里诺、凯尔、诺伊斯、摩尔、伯勒尔和高民环等人就像是创新道路上的侦查员，他们曾经尝试为老东家寻找一条发展的捷径，没想到却在这个过程中自己变成了创业者。

# 第七章　模仿型创业者

斯科特·诺顿(Scott Norton)和马克·拉马丹(Mark Ramadan)是布朗大学2008届国际关系与经济专业大四学生。他们没有学过创业课程,但在生活压力下有了创业的想法。有天晚上两人闲聊,不知不觉中将话题转移到了创业上面。

他们聊的是《纽约客》(New Yorker)杂志四年前刊登的一篇文章,文章作者叫马尔科姆·格拉德威尔(Malcolm Gladwell),他提出了一件让诺顿和拉马丹觉得有挑战性的事情。格拉德威尔对味觉特征做过深入研究,他指出,包括可口可乐、百事可乐、莎莉雪藏蛋糕(Sara Lee Pound Cake)等在内的一些食品是有"味觉幅度"的,即它们是多种口味的组合,这是非常罕见的性质。这些产品给消费者带来独一无二的味觉体验,成为某个品类的标志。例如,绝大多数美国人一说起好乐门(Hellmann)食品,首先想起的就是它的蛋黄酱。

格拉德威尔还引用了另一个例子:亨氏(Heinz)番茄酱。他在文章中讲述了亨利·J. 海因茨(Henry J. Heinz)是如何在匹兹堡家中的厨房想到做番茄酱的。在海因茨之前,番茄酱都是人们在家里自己做的。家庭主妇们把番茄切成碎丁煮熟,做成酱汁,用它给汤、鱼和肉类调味。1906 年,海因茨首次将番茄酱以商品的形式推向市场。他采用最优质的番茄,因为这样能让产品味道更好,而且保存期更长。这种美味的调味酱一上市便引起轰动,它的味道香甜浓郁;而且与家庭自制的稀薄的番茄酱相比,它更加浓稠。口味与浓稠度使亨氏番茄酱具备了一款颠覆性产品的迷人特质。不久,人们就觉得家庭自制的番茄酱味道不好了。格拉德威尔在文章中指出,在"味觉幅度"的作用下,亨氏番茄酱的口味是无可匹敌的。几十年来,其他食品公司也做过诸多尝试,但还是无法将亨氏从番茄酱市场的头把交椅上拉下来。

格拉德威尔还讲述了波旁(Grey Poupon)芥末酱是如何在 20 世纪 70 年代成为主流品牌的。波旁芥末酱是一种法式第戎(Dijon)芥末酱,于 1946 年诞生于美国康涅狄格州,当时只占美食市场很小的份额。在美国,芥末酱只有两种颜色可选,一种是嫩黄色的法式芥末酱,另一种则是深褐色的荷式芥末酱。20 世纪 60 年代,随着茱莉亚·蔡尔德(Julia Child)在美国公共广播公司(PBS)电视节目中宣传法式烹饪手法,营销专家们发现了一个新的市场机会。经过一番改良,他们推出了波旁芥末酱。这种改头换面的芥末酱采用了宽口玻璃罐,上面印有法国国旗图案。为了吸引高收入消费者,制造商打出了这样的电视广告:一群英国贵族开着劳斯莱斯汽车,将一罐波旁芥末酱从一个人手中传递到另一个人手中。这是史上最著名的广告,广告专家要的就是这种"附庸风雅的吸引力"。在不到 10 年时间里,波旁芥末酱便成为美国最具影响力的芥末酱品牌,其零售单价是竞争对手的 2 倍多。

看完这篇文章后,诺顿和拉马丹陷入了沉思,他们想发明一种新的番茄酱,并模仿波旁芥末酱的营销策略,这也许可以颠覆亨氏番茄酱在美国市场的统治地位。毕业后,他们各奔东西,在银行和经纪公司从事最初级的工作。不过,他们还是梦想着创立一家生产新型番茄酱的公司。两年后,他们辞去工作,开始研制一种比亨氏番茄酱更加浓稠的番茄酱。

发明了一款独特的产品之后,诺顿和拉马丹开始着手制订富有创意的品牌推广策略。他们的目标就是建立一个对其品牌无比忠诚的客户群,就像人们只对某些汽车厂商出产的汽车感兴趣一样。他们杜撰了一个英国人环球旅行的故事,并以该旅行家的名字给他们的产品和公司命名。这个故事是这样的:肯辛顿爵士(Sir Kensington)毕业于牛津大学,他曾被派往大英帝国的各个殖民地任职,以擅长收集异国食谱著称。有一次,在招待凯瑟琳大帝(Catherine the Great)的时候,他发明了一种酱料,而这种酱料就是现代番茄酱的前身。在机缘巧合之下,诺顿和拉马丹有幸在布朗大学图书馆发现了这种"消失已久"的酱料配方。

他们还设计了肯辛顿爵士的形象:一位有大鬈曲八字胡的英国绅士,衣领具有爱德华七世时代的鲜明特色,戴着高顶礼帽和单片眼镜,一副漫不经心的样子。他们把该人物形象印在产品玻璃罐上,下面是公司的标语"天赐佳品"。番茄酱装在一个独特的玻璃罐中,不能挤出来,只能用勺子舀。他们还把肯辛顿的故事放到了公司网站上,让客户传诵产品背后的故事。

2010年,诺顿和拉马丹携"肯辛顿爵士"牌番茄酱首次亮相纽约优质食品展。威廉姆斯-索诺玛(Williams-Sonoma)和迪恩德鲁卡(Dean & Deluca)两家连锁超市公司当场下了订单。一个月以后,迪恩德鲁卡再次翻单。全食公司也来询问是否可以让"肯辛顿爵士"品牌进入该超市,要知道,新成立的食品公司都想把自家产品放到全食超市的货架上销售。诺顿和拉马丹还将产品直接销往纽约的一些高档餐厅和酒店,包括丽思卡尔顿(Ritz-Carlton)酒店,以此向富有的旅客介绍他们的品牌,而这些旅客常常会要求将该品牌引进到他们的家乡。在肯辛顿爵士公司创立的头一年,他们就卖出了一万罐番茄酱。

7年后,"肯辛顿爵士"牌番茄酱被销往美国各地的食品杂货店。公司又研制了其他3款产品,分别是蛋黄酱、芥末酱和一种外观像蛋黄酱的素食面包酱;这种被取名为"法巴内斯"(Fabanaise)的素食面包酱是用加工鹰嘴豆的水制成的。肯辛顿爵士公司的年销售额以100%的速度增长;2017年,该公司被联合利华收购。

肯辛顿爵士公司之所以获得成功,是因为它的创始人复制了两个理念。番茄酱不是诺顿和拉马丹发明的,但他们为美国人的食谱发明了一种新配方;同样,他们借鉴40年前波旁芥末酱的营销策略来推广自己的产品。本章着重探讨如何借鉴现有理念创立一家具有独创性的企业。

## 复制创意

像诺顿和拉马丹这样的"复制型"创业者不在少数,他们擅长借鉴现有产品或理念,并对其进行改进。霍华德·海德和詹姆斯·戴森也属于该类型。一切创新几乎都离不开这种渐进式改进或迭代改进的过程。创新是分阶段进行的,发明家把现有技术糅合在一起,形成相互关联的组合。归根结底,创新就是以一种前所未有的方式把现有事物组合起来。在谷歌出现以前,市场上早就存在着几十家搜索引擎初创企业。谷歌复制了其他搜索引擎的优点,深入分析用户搜索模式,然后把分析结果卖给广告商,它也因此成为一家成功的搜索引擎公司。

提起创业,很多人似乎对"复制创意"有点陌生,因为他们深受硅谷神话的影响,认为每一名创业者都要发明一种独特的、完全原创的技术。

然而,任何发明都是有历史沉淀的。只要研究一下美国联邦政府颁发给新产品的专利证书,我们就更能明白这一点。假如政府认为某个创意拥有知识产权,那就要赋予专利持有人20年独家开发商用产品的专有权。专利证书必须对公众开放。

如今,美国专利局(Patent Office)的所有专利记录都可以在网上查阅,这些记录便是科技进步的最佳证明,那里有每一种尖端技术的演变记录。专利局的大部分工作就是辨别专利申请者的创意是否与现有技术有所不同,而每一名申请者必须向专利局证明自己的创意是全新的。成千上万名跨国公司的专业雇员会查看这些专利申请,以识别新技术的发展轨迹。这些专业人士之所以被跨国公司聘用,是因为这些公司知道,他们往往能把现有技术与新发现结合起来,产生新的创意。

就这一点而言,专利发挥着一个更重要的社会作用:尽管专利起初只是用来保护发明者创意和产品知识产权的一种手段,但获取专利的过程其实也对创新本身起着促进作用。过去,这种作用更加直观一些。20 世纪 20 年代之前,每一项发明的专利申请都要附带该发明的实物模型。它们都是精巧的微缩模型,细节非常生动,能够留下来的都堪称艺术品。这些模型的尺寸被限定在 12 英寸×8 英寸(约合 30.48 厘米×20.32 厘米)范围内,有些模型的框架是由铸铁制成的,里面通常装着用钢和铜制成的小齿轮。还有些模型含有可以开关的小蒸汽阀。

专利申请获得通过后,其模型就会被放在位于华盛顿的美国专利局进行对外展示。几十年来,那里是首都华盛顿访客最多的地方。全国各地的未来发明家们千里迢迢赶来,研究各种手工制作的微缩模型,比如:塞缪尔·莫尔斯(Samuel Morse)的电报发报键、约翰·迪尔(John Deere)的钢犁以及爱迪生的留声机。乔治·威斯汀豪斯(George Westinghouse)发明了空气制动器,这项发明的改良版产品如今仍应用在世界各地的火车上。那里还有威斯汀豪斯早年发明的自动谷物播种机专利模型。访客还可以看到伊利法莱特·雷明顿(Eliphalet Remington)改进过的步枪模型和打字机模型;那把步枪后来成为每一名猎人和拓荒者的首选武器,而雷明顿在 20 年后发明的打字机则彻底改变了商业通信模式。

专利博物馆(Patent Museum)是发明家的学校,全国各地热衷于发明新产品的访客都齐聚在这里。假如他们仔细观察并好好思考一番,就会发现,绝大多数创新都只是对现有产品的小幅改进,这是他们在这里学到的最重要的一课。

## 经营模式创新

如今,人们在史密森尼(Smithsonian)博物馆只能看到一小部分专利模型。有两款模型因其重要性而被保存下来,它们分别是塞勒斯·麦考密克(Syrus McCormick)发明的收割机和艾萨克·辛格(Isaac Singer)发明的缝纫机。实际上,这两台机器都是前人各种专利的完美结合体,从每一项专利上,我们都能看到前人迫切地想将谷物收割和缝纫工作机械化,从而提高粮食生产和服装制作的效率。我们之所以将这两台机器视为人类科技史上的重要象征,与麦考密克和辛格所发明的经营模式有很大关系,这些经营模式使他们各自创立的公司名垂青史。

麦考密克发明的收割机可以大幅减少人手,而且将生产效率提高数倍。如此一来,农场主可以拥有面积更大的农场,并享受规模化种植带来的效益;此外,麦考密克收割机提高了收割速度,大幅降低了因坏天气而无法及时收割成熟谷物的风险。然而,这款产品价格太过昂贵,很多农场主都买不起。

为了让更多人用上自己发明的收割机,麦考密克想到了分期付款购买机器的经营模式。麦考密克的想法并非首创,农场主早就用按揭贷款来购买土地和房屋了。麦考密克创立的万国联合收割机公司(International Harvester Company)更像是一家农业机械银行,几十年来,最基本的信任关系给公司带来了持续的回报。如今,许多农场主仍然是万国联合收割机公司的忠实用户,因为该公司曾帮助过他们的曾祖父。

发明了现代缝纫机的辛格彻底改变了一个行业。[①] 与麦考密克的产品一样，辛格设计的缝纫机价格太高，很少有人买得起。当它们在 19 世纪 50 年代首次面世时，其售价比一名女裁缝的平均年薪还要高。辛格借鉴了麦考密克的分期付款模式，使销量得以提升。随着市场需求不断增长，辛格持续提高生产效率，使产品单价一路下降。仅仅一年以后，缝纫机的价格就只相当于女裁缝一个月的工资了。

## 培养创业伙伴

然而，要将缝纫机推向大众市场，辛格还面临一个比价格更可怕的问题。他要让消费者接受缝纫机这一产品理念。在缝纫机面世之前，人们一直都是在家里手工缝制衣服的。而且通常只有富裕的家庭才能聘请熟练的佣人从事缝纫工作。除了极少数特权阶级以外，熟练的针线活是一名好管家的基本技能，也是评判女人是否有资格结婚的标准，而人们对缝纫机这种家用设备一无所知。除了工厂之外，没人知道机器可以节省劳动力。辛格的缝纫机比批量生产的真空吸尘器和洗衣机早出现近 60 年，对绝大多数家庭妇女而言，用机器缝制衣服简直是件不可想象的事情。

为了开拓市场，辛格不得不发明一种新的市场运作模式，该模式解决了前所未有的两个问题：首先，他要向家庭主妇们证明用机器缝制衣服的好处，为此他要在全国各地设立缝纫学校；其次，如果想让人们使用他那款相对复杂的机器，他就得提供及时的售后维修服务。辛格的脚踏式缝纫机是人类史上第一款需要技术

---

① 美国专利局的模型表明，其他人的设计跟辛格的设计非常接近，他的突破性设计其实只是对前人专利的小幅改进。——作者注

支持的批量产品。

可是，辛格没有足够的实力承担缝纫学校和售后服务中心的建设费用，于是他做出了一项重大创新。他要充分利用别人的创业梦想，使他们成为自己的合作伙伴，创建相互支持的企业网络。辛格开始招募创业者，借助他的经营理念，帮助创业者各自创立企业。他的合作伙伴将负责经营缝纫学校、销售缝纫机和为客户提供售后维修服务。

辛格把维护客户关系这一重任交给了合作伙伴，把注意力集中在生产管理上。为了销售辛格的缝纫机，合作伙伴们要向他缴纳专利授权费；相应地，辛格要给他们划分独家销售区域，并通过在全国妇女杂志上登广告的方式推广"辛格"品牌。辛格成了现代特许经营权的发明者。他招募和培养创业者，这些创业者则围绕着他的革命性产品创立企业，从而加快了创业梦想的前进步伐。5年后，亨利·福特复制了辛格的分销模式，向合作伙伴授予独家销售许可权，组建了一个负责汽车销售和售后服务的经销商网络。

像辛格和福特这样的发明家型创业者及其销售网络点的创业者之间存在一种互惠互利的关系，然而，这种历史悠久的共生关系却让现代特许经营权之王雷·克罗克(Ray Kroc)觉得难以理解。克罗克在伊利诺伊州的一家小公司工作，专门销售一种能够同时制作5杯奶昔的机器。绝大多数客户每次只买1台机器，而最近一家位于加州圣贝纳迪诺市(San Bernardino)、由迪克·麦当劳(Dick McDonald)和麦克·麦当劳(Mac McDonald)兄弟经营的餐馆却一口气订了8台机器。克罗克觉得很奇怪，他前往圣贝纳迪诺，看看谁在买这么多奶昔。到达麦当劳门店后，他看到了一些异乎寻常的事情。麦当劳兄弟已经将汉堡包、薯条和奶昔的生产工业化了，他们可以在几分钟内制作一顿既美味又经济实惠的大餐。克罗克当时所看到的正是如今的麦当劳快餐。

在南加州一带，麦当劳算得上是个传奇。在克罗克之前，基思·J.克莱默

(Keith J. Kramer)和马修·伯恩斯(Matthew Burns)就已经来学习过麦当劳的整个运营体系了。回到佛罗里达州的杰克逊维尔(Jacksonville)市之后,他们创立了"速食汉堡连锁店"(Insta-Burger),该连锁店后来更名为"汉堡王"(Burger King)。加州二战退役老兵格伦·贝尔(Glen Bell)在与麦当劳店仅一街之隔的地方摆了个摊位卖热狗和汉堡包,看到麦当劳兄弟的生意如此红火,他决定将这个体系运用到当地流行的餐饮文化中。1962年,他开了第一家"塔可钟"(Taco Bell)连锁店。与麦当劳主打汉堡包销售模式不同,贝尔将墨西哥玉米卷引入了美国大部分地区。公司成立6周年时,塔可钟在美国西部各州的连锁店已经达到了325家。

然而,说服麦当劳兄弟采用全国特许经营模式的人正是克罗克。7年后,克罗克买下了麦当劳的全部产权,并建立起一个由230家加盟店组成的特许经营网络。克罗克招募首次创业者和个体经营者做员工,这些人后来都成了他的合作伙伴。他认为,麦当劳这种创新模式可以推广到全国各地。通过招募加盟商并授予对方当地麦当劳的经营权,他将与这些加盟商一起取得成功。

## 联合创业

与其他快餐加盟商一样,鲍勃·卡卢奇(Bob Carlucci)也是借用别人的点子创业的。卡卢奇在波士顿长大,从小就梦想成为音乐家。高中毕业后,他被新英格兰音乐学院(New England Conservatory of Music)录取。然而,在求学期间,父亲突然离世,卡卢奇只好辍学帮助做裁缝的母亲抚养三个弟弟。他在通用电气工厂找了份夜班的活儿;与此同时,他还买了两台糖果自动售货机,安装在台球店,作为副业打理。

卡卢奇认定自己的古典音乐生涯已经结束了,而他又不喜欢在通用电气的工作,因此,只有创业才是最佳出路。凭借着从自动售货机得来的工作经验,他创立了自己的第一家公司。有一天早上,卡卢奇在翻阅《波士顿环球报》(*The Boston Globe*)时发现,当地一家名叫莱奇米尔(Lechmere)的百货公司打算开 15 间汽车服务中心。一时冲动之下,他给百货公司写了封信,主动提出为它的新店提供自动售货机。不可思议的是,百货公司的采购部经理居然回信了,并提出要跟卡卢奇面谈此事。卡卢奇赶紧印了盒名片,并在名片上给自己加了个"R&R 自动售货机公司销售经理"的头衔。会谈结束后,百货公司要求他报价,他在回信中用简短的几段话描述了 R&R 这家根本不存在的公司。

几周后的一次会议上,百货公司要求卡卢奇在公司新建的汽车服务中心、仓库和员工自助餐厅里都安装汽水和咖啡自动售货机。后来他回忆说,那天在开车回家的路上,他浑身冒冷汗,还自言自语地说:"我真是个骗子。"当时他只有 23 岁,唯一的"公司资产"就是那两台糖果机和他母亲所说的"厚脸皮"。

卡卢奇有个当会计的叔叔,在所有家族成员当中,也只有这个叔叔懂得做生意。卡卢奇把自己的情况向叔叔和盘托出,叔叔马上教他如何利用电子表格做销售预测和成本预算。然后叔叔带他去见了当地银行行长。听说卡卢奇有这样一个生意机会,银行行长同意贷款给他创业。更重要的是,行长还对他说:"我们要每周见一次面,我会教你怎么做生意。"

不到 10 年时间,卡卢奇的自动售货机生意已经做到了华盛顿。然而,每当展望未来时,他对这个行业总是充满了担忧。他知道,自动售货机最赚钱的货品是香烟,但政府很快就要立法禁止通过自动售货机贩卖香烟。卡卢奇想退出自动售货机行业,他开始寻找特许经营权。他说:"我知道自己之前生意做得不错,但我没有好的新创意。发明新产品并围绕着这款新品创业的做法实在太过冒险,我不想这样做。"

当时,塔可钟正大力开发美国国内市场。卡卢奇告诉我:"我是在波士顿长大的,以前从没吃过墨西哥玉米卷,甚至连见都没见过这种食物。"他找到塔可钟公司相关负责人,向对方申请马里兰州的特许经营权。塔可钟公司不同意把整个州的特许经营权交给他,而只是把安纳波利斯市(Annapolis)附近的一个地区市场划给他。卡卢奇在自己所管辖的市场开疆拓土,经营得相当成功,于是又拿下了好几个市场的特许经营权。他现在还记得,当时有个银行家拒绝他的贷款申请时是这样说的:"我觉得这个生意做不起来,墨西哥玉米卷太难吃了。"

如今,卡卢奇在美国的七个州和哥伦比亚特区拥有 70 家餐馆,员工达 1400人。我问卡卢奇他成功的秘诀是什么,他立刻回答道:"我借鉴了塔可钟的创意。我知道这个创意很成功。正是因为借鉴了格伦·贝尔的伟大创意,我才能成为创业者。他首创了塔可钟的经营模式,并邀请大家追随他一起创业,而我只是他数以百计的追随者之一。"

卡卢奇的故事并非个例,很多创业者都是凭借着特许经营权来扩大业务规模的。实际上,麦当劳的绝大多数加盟商都拥有不止一项特许经营权,C. 霍华德·小威尔金斯(C. Howard Wilkins, Jr.)就是一个很好的例子。小威尔金斯来自堪萨斯州,曾就读于耶鲁大学。大学毕业 6 年后,他买下了必胜客(Pizza Hut)的特许经营权,而这个品牌当时由威奇塔州立大学(Wichita State University)的两名学生刚刚创立不久。两年后,小威尔金斯已经收购了肯塔基州的 16 家必胜客门店。几年后,他把这些店卖给了特许经营授权商,自己出任必胜客国际运营部副总裁。1970 年,他创立了美国比萨饼公司(Pizza Corporation of America),经营着 270 家必胜客门店;此外,他手里还握有其他品牌位于美国和世界各地的特许经营权。为了支持业务扩张,小威尔金斯还成立了一家房地产开发公司。到了职业生涯晚期,他出任美国驻荷兰大使,并且因宣传创业者对美国经济的重要性而著称。很少有创业者能获得这样的成就。

**创业协同效应**

每一年,在所有初创企业中,新的特许经营加盟商约占 40%。诸如吉米·约翰(Jimmy John)三明治、体育美发连锁店(Sport Clips Haircuts)、安妮阿姨(Auntie Anne)椒盐卷饼等强势特许经营品牌都获得了巨大成功。只要是前两百强特许经营品牌的加盟商,几乎都能创业成功,这些企业的头五年存活率超过 95%。

奇怪的是,大学的商学院很少开设与特许经营权相关的课程。选择创业课程的大学生居然不知道特许经营权是何物,这种状况反映出绝大多数商学院教授的观点。他们认为,特许经营加盟商算不上真正的创业者。正如我们所看到的那样,商学院教授对于创业者的定义深受风险投资人影响,在很多教授看来,发明家才是真正的创业者,因为初创企业都源自这些发明家的创意;而特许经营加盟商是借用别人的创意建立企业的,根本算不上是创业者。

我向卡卢奇请教这个问题。他对我说,每个特许经营加盟商都将自己视为创业者:"我们都创立了企业。唯一的不同点在于,我们借用别人的创意构建企业。我的每一次创业都很成功。跟很多创业者一样,别人也投钱给我做生意,我把这些钱称为风险投资。虽然银行给我提供贷款,但我还是在用别人的钱创业。假如我的第一家塔可钟加盟餐厅经营得不成功,我早就破产了。创业者会遇到很多意想不到的问题,我要一一解决这些问题。我得学会烹饪、盖房子,要变成停车场废水处理专家,还要学会激励一群只领取保底工资的半熟练员工。此外,我还得处理一些更大的难题,比如多元化经营。我要经营酒店和其他餐饮品牌。为了使业务扩张变得容易些,我申请了银行贷款。"

特许经营授权商是品牌的创始人,特许经营权就掌握在他们手里。授权商知道,如果他们想取得成功,就得培养出像他们一样的创业者。他们把创业者聚集在一起,实现规模化经营。假如没有在各地招募创业者经营分店,像假日酒店(Holiday Inn)、肯德基(KFC)、冰雪皇后(Dairy Queen)、达美乐比萨(Domino's Pizza)、坚宝果汁(Jamba Juice)、马氏学习中心(Mathnasium)、赛百味(Subway)、天使家护(Visiting Angels)和温蒂汉堡(Wendy's)等家喻户晓的品牌就无法在美国和全球市场中驰骋纵横了。

克罗克认为,他的成功是与特许经营加盟商的成功相辅相成的:"我的原则就是尽可能地帮助这些加盟商取得成功。只要他们成功了,我也就成功了。"克罗克鼓励特许经营加盟商勇敢创新。华盛顿的一家麦当劳加盟商赞助了当地的一个电视节目,该节目创造出罗纳德·麦当劳(Ronald McDonald)的形象;匹兹堡的一家麦当劳加盟商为了满足顾客想要更大汉堡包的愿望,尝试做出了"巨无霸"汉堡包;麦香鱼汉堡包则是由一家在辛辛那提的加盟商在 20 世纪 60 年代为天主教顾客发明的,因为根据天主教会的规定,天主教徒在周五只能吃鱼。后来,这一规定被更改了。

## 成功的特许经营加盟商

由于种种原因,现有强势品牌的特许经营商更有可能取得成功。在特许经营界,成为被授权人的创业者通常被称为"特许经营商"。与其他创业者相比,特许经营商一般年纪要大一些,经验也更丰富一些。特许经营加盟商的平均年龄是46 岁,只有 10% 的特许经营商年龄在 35 岁以下,而有将近 10% 的特许经营商年纪超过 65 岁。他们绝大多数拥有出色的就业经验或从商经历,而且绝大多数特许经营商有着雄厚的财力和其他资产实力。

然而,要获得一个强势特许经营品牌的代理权,光有充足的资金是不够的。

绝大多数著名的品牌授权商会严格筛选申请人,除了对申请人进行深入细致的财务背景调查,还要进行尽职调查,包括与申请人的朋友、邻居和家人进行面谈;有些品牌商甚至要求申请人接受心理测试。显然,这些品牌商要弄清楚申请人对于品牌的投入程度以及申请人是否符合他们的业务模式,并且想知道申请人是否配得上该品牌,毕竟授权商一直以来都费尽心力去维护和提升品牌形象。成功的品牌授权商以自己严格挑选特许经营商的流程而自豪,而成功的特许经营商更是让他们觉得脸上有光。

拥有悠久历史的品牌授权商致力于完善和革新自身产品、服务和业务模式。例如:每一家品牌授权商通常都会详细规定品牌建筑物的大小和外观。美国前200强品牌授权商几乎无一例外地为特许经营商提供协助,帮他们选址,与建筑承包商谈判,对特许经营商的高层管理人员进行密集而持续的培训,并严格控制从设备到餐巾纸大小或餐厅桌椅设计等供应链的所有环节。根据麦当劳公司的要求,为了确保西雅图麦当劳的巨无霸汉堡与萨瓦纳麦当劳的巨无霸口味一模一样,特许经营商的老板及其关键员工必须到著名的麦当劳汉堡包大学(Hamburger University)进修,而且必须从麦当劳认可的供应商那里采购特制酱料(Special Sauce)。

许多成功的特许经营案例表明,品牌创始人有意创建一种可以统一复制的业务模式,例如:实耐宝工具(Snap-On Tools)、帕尼拉面包(Panera Bread)、亚伦家具租赁(Aaron Rents)、赛维保清洁服务(Servpro)以及7-11便利店等品牌都是这样开始的。理查德·梅尔曼(Richard Melman)在21岁那年开了第一家餐厅,在接下来的12年里,他又开了10家分店。1991年,他决定再开一家餐厅,如果一切进展顺利的话,它可以作为特许经营的范例。梅尔曼在芝加哥市中心商务区开了一间复古的烘焙与咖啡店,并给这间店命名为"街角面包店"(Corner Bakery)。如今,街角面包店数量已达200家,许多店都位于繁忙的机场地段。

　　与梅尔曼非常相似的是，菲尔·罗曼诺（Phil Romano）在大学毕业后也开了12 间独立经营的餐厅。到了 40 岁那年，他想到了创立"福德洛克"（Fuddruckers）全国连锁品牌，专注于为消费者提供精品汉堡包。1988 年，罗曼诺又接着创立了"罗曼诺意式烧烤店"（Romano's Macaroni Grill）；如今，该连锁品牌的特许经营加盟商数量已经达到 200 多家。罗曼诺告诉我，他觉得自己真正的天赋在于感知客户的未来需求，"因为餐饮市场是个动态的市场，我们要预见到不断变化的客户需求"。2014 年，罗曼诺在达拉斯郊外建了一座带有试验性质的美食城，以特许加盟的方式邀请有志于创业的人前来开店。

## 如何确定特许经营是初次创业的最佳选择？

　　也许你跟鲍勃·卡卢奇一样，不确定自己是否能把一个好的创意变成一家伟大的公司。你已经考虑进入特许经营行业，成为特许经营商，以此迈出创业生涯的第一步。那么，你又如何去寻找合适的机会呢？

　　首先，你要选择一个自己绝对感兴趣的行业。如果你对烹饪兴趣不大，那你也许可以开个健身房，而不是加盟汉堡王连锁餐厅。如果你对健身没兴趣，那就别去开健身房。如果你对汽车情有独钟，那开个捷飞络（Jiffy Lube）汽车服务店是个不错的选择。如果你有照看小孩的天赋，或许可以考虑加入幼托行业，成为类似于嘉德幼儿园（Goddard School）这种私立学校的特许经营商，或者成为辅导学习服务方面的特许经营商。

　　根据自己的经验和个人兴趣缩小行业范围之后，你就要尽可能多地研究各种创业机会。在开始调研之前，首先你要评估自己的财力是否足以购买某项特许经营权，然后从企业那里获取招商加盟资料。例如：根据麦当劳公司的说法，麦当劳特许经营权的投资费用相当高，总投入可达 100 万~200 多万美元，其中包括 75

万美元流动资金和 4.5 万美元的特许加盟费。相对而言,其他一些非常有名且信誉良好的特许经营品牌的费用可能要低得多。

你还要在资深律师的协助下认真研究特许经营协议,这份协议将会控制品牌授权商和特许经营商之间的关系。在做决定之前,申请人必须充分理解和分析该协议,因为它很可能将你和品牌授权商绑定 10～20 年时间,而一旦中途分道扬镳,特许经营商会付出痛苦且高昂的代价。美国各州几乎都要求品牌授权商在出售特许经营权之前必须获得牌照,也就是说,它们已经把标准协议递交给监管部门审核过了。与美国政府监管上市公司股票交易活动相类似的是,各州和联邦法律都要求必须披露双方达成的特许经营协议的重要条款。尽管如此,特许经营协议仍是非常复杂的法律文件,你一定要明白自己购买的是什么样的特许经营权。在特许经营协议中,非常重要的条款之一就是特许经营商的独家经营区域,即只有特许经营商才有权利在该区域内开其他店;更重要的是,它可阻止购买同一品牌的其他特许经营商进入该区域竞争。资深特许经营权律师的建议非常重要。

作为一名潜在的特许经营商,在调研和寻找机会的同时,还要注意一点:品牌授权商只招募符合条件的申请人,它们可能会向具有吸引力的候选人进行乐观的和诱导性的宣传。毕竟,品牌商的业务不是炸汉堡包或监督家庭医疗助理,而是出售特许经营权。对于这些宣传,你务必要做好心理准备,保持质疑的态度,千万别匆忙做决定。有创业想法的人通常会用 3 到 4 年时间去考虑哪种特许经营权最能发挥他们的天赋,最符合他们的志向、预期和预算。在对比各种机会时,你要想象自己已经拥有了某项特许经营权,而且每天都在从事经营活动,那个品牌变成了你的品牌。对于特许经营的品牌产品、服务、价值、业务模式和你要签署的特许经营协议,你觉得满意吗? 在回答了下面 6 个问题后,你才能做出决定。

## 特许经营加盟商必问的六个问题

### 这个利润丰厚的小市场稳定吗？

企业存在的目的是满足或创造市场需求，显然，按照公认的说法，特许经营注重满足现有市场，但市场需求是动态变化的，取决于不断演变的技术、经济状况和消费者的喜好。在奈飞公司向市场推出邮购DVD快递服务（这是它创立初期的王牌服务）和如今的流媒体视频之前，美国有将近9000家出租DVD的百视达特许加盟店，如果是你，肯定不想去这个市场凑这个热闹。同样，胜百诺（Sbarro）曾是一个令人垂涎的品牌，也是那些爱逛商场的年轻人最喜欢去的地方。然而，随着社交媒体兴起，人们足不出户就可以见面，这个消费群体便突然消失了。

评估特许经营机会时，你还得意识到一点：不断变化的经济环境对于某些行业的影响要更大。例如，经济不景气时，草坪养护企业会受到不小的影响，但汽车维修行业受到的冲击更大。比萨和宠物狗美容品牌似乎不会受经济波动影响；而对于那些卖饼干、意大利冰激凌和精品纸杯蛋糕的特色食品专营店来说，除非消费者喜欢的口味发生变化，否则它们的生意一直都会很好。

### 其他特许经营商怎么看？

从开始关注某个特许经营权品牌那一刻起，你就要尽量与其他加盟商多交流。绝大多数个体加盟商很乐于提供他们所知道的任何信息，甚至包括收益，毕竟你不会在他们的地盘上开店。对他们来说，你更像一个同事，而不是竞争对手。不妨问问他们：根据他们的经验，特许经营品牌能否实现授权商所描述的销量和预期利润？如果有差异，授权商是否能做出合理解释？他们是否从品牌授权商那里得到了预期的或必要的支持？母公司的声誉是否对他们的销售产生了积极或消极影响？根据他们的经验,授权商对市场营销和广告投入的程度有多大,是否与授权商的承诺相符？请加盟商描述一下他们与该品牌之间不间断的业务关系,加盟商是否很容易引起授权商的关注？若特许经营商遇到困难,是否很容易从总部获得协助？授权商是否愿意协助解决问题？供应链是否管理良好？产品质量好不好？

**特许授权品牌的盈利模式是怎样的？预期收益是多少？**

与选择其他创业方式不同,在购买特许经营权之前,你有充分的余地考虑自己的投资决定。现有特许经营店的实际业务状况就是看得到的参考案例。从它们身上,你能弄明白该品牌的盈利模式和预期收益吗？

你要以投资的眼光去审视特许经营品牌。你所投入的资金和你为了从事这个新行业所花的时间及承受的压力是否会得到应有的回报？假如你以更谨慎的方式投资这笔钱或者继续打工生涯,3年以后是否也能挣到同样多的钱？一般来说,在加盟3年后,特许经营品牌的年回报率不应低于15％。

在分析特许经营投资的未来价值时,需要考虑很多关键因素。如前所述,品牌授权企业与特许经营商之间签订的协议条款至关重要;而在这些条款当中,授权商给予特许经营商在某个特定区域内的独家销售权最为重要。经过一番努力并投入大量金钱之后,你不想自己的利益被街对面那家一模一样的特许经营店损害吧？信誉良好的授权商很重视自己的品牌和与特许经营商之间的关系,因为这两者正是它们的业务欣欣向荣的保障。一般情况下,它们不会让特许经营商进行恶性竞争,不过,你一定要了解清楚品牌授权商的过往记录,因为授权商和特许经营商之间的摩擦通常因此而起。这是协议中一条非常重要的条款,倘若与知名度不高的品牌签署协议,就尤其要注意这一点。

**品牌授权商如何提供支持？**

在吸收加盟商之后,知名特许经营品牌所做的第一件事应该是教加盟商如何成功运营店面；而更知名的品牌则会为加盟商定期提供有价值的课程。对于想加盟品牌的创业者，参加品牌授权商的培训课程是一个必不可少的步骤。你正在考虑加盟的特许经营品牌是否会提供类似有效的培训？除了教你如何经营加盟店以外，该品牌是否还教你如何提升销量和盈利能力？

品牌授权商提供的另一种支持就是协助加盟商为特许经营店选址，并在店铺建设过程中给予帮助。对于快餐、幼托或急诊等特许经营店而言，客流量是关键，因而店铺的选址是重中之重；而对于地毯清洁服务商来说，店铺可以选择位于偏僻街道的仓库里，因为它为客户提供的都是上门服务。下次，当你在候机楼里穿过时，不妨留意一下那些大品牌是如何选址的。比如："安妮阿姨"连锁店主要出售供乘客候机时吃的零食，所以，它的店面一般选在两个登机口的交界处，那里是机场里人流最多的地方。知名品牌授权商通常会为你选址、谈价格，并协助你建造铺面。

品牌授权商还可以协助你融资。在将特许经营权卖给你之前，品牌授权商会要求你拥有足够资产，能够贷款购买或租赁地皮、建造铺面和添置设备；它还会要求你有充裕的现金流，以弥补第一年的运营亏损额。很多品牌授权商会直接向加盟商提供资金，比如：快餐连锁品牌"福来鸡"（Chick-fil-A）给加盟商提供绝大部分启动资金，供它们购买地皮、建造店面。

### 品牌授权商有着怎样的创新史？

知名特许经营品牌的成功秘诀之一就是它们总是密切关注市场变化，引领着市场潮流。品牌授权商要平衡好品牌纪律与适当创新之间的关系，以确保市场份额不断增长，提高加盟商的收入。

例如，麦当劳经常更换菜单，以满足顾客不断变化的需求。加入"全日早餐"（All Day Breakfast）就是根据客户需求推出的新菜单，结果大获成功。而显然，类似于"天使冰王"（TCBY）[①]或"菲尔兹夫人饼干"（Mrs. Fields Cookies）这样的单一产品特许经营店是很难推出新品的。在缺乏创新和商场人流量下降的情况下，它们的主要门店就会倒闭。

**谁会给我专业建议？**

许多知名品牌授权商享有非常高的声誉，它们为特许经营商提供支持，帮助后者取得成功。

然而，不是所有特许经营授权商都像麦当劳那么有诚信。每一年，美国都有数以百计的授权商宣称自己是小商品印刷业的麦当劳、病虫害防治界的麦当劳、排水沟维护行业的麦当劳或家庭护理界的麦当劳。如今，有 3500 个行业存在特许经营机会，而且该数字可能每天都在增长。有时候，有些寡廉鲜耻的创业者想将从未实践成功过的业务包装成特许经营权出售。尽管政府采取了大量监管措施，以保护潜在特许经营商的利益，但造假者可能会做出毫无事实依据的承诺和编造销售数据。购买特许经营权时，千万不要做第一批"吃螃蟹"的人，为那些未经验证的商业理念买单，这样做的风险很大。

假如你创业的时候想成为特许经营商，首先要做好调研，并且只考虑获得政府许可的品牌授权商；然后，请有经验的特许经营权律师帮你分析协议，再跟见识广博的银行信贷官员好好聊一聊。多了解一下自己将要进入的行业，你就能做出更正确的决定，提高创业成功的概率。

---

① "天使冰王"是冷冻酸奶特许经营品牌。——作者注

## 第八章　防患于未然

　　失败乃成功之母，有志于创业的人会不止一次地听到这句谚语。这话听起来有些空洞，似乎只要创业者能从失败中吸取教训，企业倒闭所带来的有形成本和痛苦代价就可以一笔勾销和轻描淡写地掠过，毕竟他们也付出了时间精力和个人存款。

　　人们创业的目的不是吸取经验。很少有商业书籍或励志书籍会赞美失败，关于创业的书籍就更不会以失败为荣了。不过，确实有极少数书会赞美失败，它们给读者提供一些空洞无物的建议，净说一些诸如"在失败中前进"或"尽快从失败中站起来"这样的话。

　　也没有任何证据可以证明"失败乃成功之母"这个论点是正确的。当然了，凡事皆有例外，比如：在微软成立之前，比尔·盖茨和保罗·艾伦曾创立过一家名为"数据交通公司"（Traf-O-Data）的企业，这家企业后来倒闭了；密尔顿·赫尔希（Milton Hershey）在开始他的糖果业务之前连续三次创业失败；而华特·迪士尼（Walt Disney）创立的第一家企业"小欢乐"（Laugh-O-Grams）公司也以失败告终。

　　但是，对于2/3以上的创业者来说，一次创业失败就意味着他们再也不会尝试创业了。也许这是一个明智的想法，因为第二次创业的成功概率不会高于第一次。如果说失败能让人顿悟，那么，创业者应从中学到宝贵的一课，用以提升后续创业成功的概率。

简而言之，初创企业彼此间千差万别，它们失败的原因也各不相同。在接下来的故事当中，我们可以看到，失败无处不在，它不仅仅会常常降临在创业新手身上，就连经验丰富的老手也难以幸免。对于某个初创企业行得通的方法，对于另一家企业可能就行不通了。新企业要把它们所面临的常规风险吸收内化，这才是更好的方法。做好这种准备之后，也许你才能够从创业的雷区中全身而退，将失败风险降到最低。

## 16 年的努力只换来失败

早在童年时，尼克·弗拉纳诺（Nick Franano）就将自己视为一名救死扶伤的医生。本科毕业后，他到华盛顿大学（Washington University）进修医学，并在约翰·霍普金斯大学做实习医师和研究员。跟霍普金斯大学绝大多数年轻研究员一样，弗拉纳诺似乎注定要成为一名医学教授；有朝一日，他会拥有自己的实验室，给世界各地最有前途的医学专业学生授课。

然而，一名病人所面临的困境居然使弗拉纳诺成了创业者。弗拉纳诺专门从事肾病的研究和治疗，而霍普金斯大学的绝大多数肾脏病人最终都要接受透析。透析就是每隔三四天将病人的身体与一台机器相连，用这台机器把病人体内的血液完全过滤一遍，然后重新注入病人体内。不做透析的话，病人血液中的毒素会使病人迅速中毒死亡。除非病人做肾脏移植手术，否则的话，他们的余生就只能在每周频繁进出透析诊所中度过。

透析开始前，所有病人都要接受一场外科手术。医生在病人体内的某个部位插入与病人血液循环系统相连的导管，这些导管使血液从病人体内流进透析机里,过滤后又重新流回人体。导管插入体内之后,需要定期进行维护,这会带来大量潜在问题。

弗拉纳诺的一名病人在插入导管时出现了大问题,导管插入点周围的血管大量萎陷。他在两周内跑了 6 趟医院,每趟都要接受一次痛苦的小手术,让医生把导管插入身体的另一处地方。在此过程中,这位病人愤怒不已,他问弗拉纳诺:"为什么没人找到一种让血管自我修复的方法?"

这个简单的问题激发了弗拉纳诺的想象力,他开始去寻找答案。他知道,在透析过程中,血管会逐渐失去弹性并且变硬,因为负责将营养物质送到血管外层和内层的中间层逐渐硬化,然后慢慢萎缩。出现这种情况时,导管插入点附近的动脉和静脉便开始萎陷,医生就必须另找一个部位插入导管。这样做的最终风险就是:经过几年透析之后,病人身上已经没有可以插导管的地方了。

弗拉纳诺做了大量研究,发明了一种未经实验室测试的配方 PRT-201。他认为,这种化合物从理论上会激活和强化动脉和静脉的中间层。他做了个试验,把猪分为两组,每组猪的身上都插入导管,然后在一组猪的动脉和静脉周围注射 PRT-201。另外一组没有注射 PRT-201 的猪,它们导管附近的动脉和静脉就像人类那样萎陷、硬化、没有弹性,逐渐坏死。反观注射了 PRT-201 的那组猪,几个月后,它们的动脉和静脉似乎依旧有弹性,而且硬度较低。接下来,弗拉纳诺又对数量更多的猪进行试验,并发明了一种特殊针头,可将 PRT-201 注入血管中间层。3 年后,弗拉纳诺确认 PRT-201 有效,可以在患者身上进行试验了。

带着显示 PRT-201 有效性的实验数据和新开发的注射器,弗拉纳诺找到了几家制药公司,希望有公司能够推广他的研究成果。然而他很快就知道,大型制药公司对这种处于早期阶段的实验性药物不感兴趣。制药公司说,新药物上市前必须在人体上进行双盲测试,而这种测试的成本很高,制药公司很难找到那么多透析病人来验证一种新药的经济可行性。弗拉纳诺知道透析病人急需自己的帮

141

助,他决定勇敢迈出一大步,成立一家新公司,将实验性药物推向市场。他给公司取名为"普罗特安医疗公司"(Proteon Therapheutics)。

弗拉纳诺创业的第一步就是说服一小群投资人给他提供资金支持。2005年,投资人资助了普罗特安200万美元,专门用于PRT-201的人体测试。3年后,药物的临床效果甚佳,弗拉纳诺又从两家风投基金那里获得了1500万美元投资。有了这笔钱之后,弗拉纳诺便可进行下一轮临床试验,以说服美国联邦食品与药品监管局(Food and Drug Administration),让当局相信这种药物的功效和安全性。

7年后,第二轮测试的初步结果似乎非常成功,在投资人看来,普罗特安公司前途一片光明。如果它研发的这种特效药伏帕尼酶(Vonapanitase)被认定有助于延长透析患者的生命,而且可以用来帮助那些遭受外周动脉疾病的广大患者,那公司就拥有了一种制药业所谓的"畅销药"。

如今,其他投资人都迫切地想投资普罗特安公司。看了弗拉纳诺提供的第三份详细商业计划书和临床试验数据之后,投资人再次投入9200万美元。获得投资人信任的普罗特安公司于2014年10月首次公开募股,又筹集到了7200万美元。

根据美国食品与药品监管局的要求,无后顾之忧的普罗特安公司立即开始对伏帕尼酶进行第三阶段临床试验。公司招募了数百名透析病人,将他们送到31家医疗中心进行双盲临床试验。由于该药物已经在前期的小规模临床试验中表现出良好的治疗效果,弗拉纳诺和投资人都觉得胜券在握。随着时间的推移,公司股价从首次公开募股时的11美元上升到了20美元。财经分析师称,只要新的临床数据出炉,公司股价就会翻番。一位分析师甚至说:"轻而易举就能涨到40美元。"

参与美国食品与药品监管局第三阶段临床试验的独立研究员对大量接受治

疗的病人和对照组病人进行追踪。两年后,他们并没有发现与药物功效相关的统计学证据,而这是食品与药品监管局批准药物上市的标准。随着实验失败的消息被公之于众,公司股价一路狂跌到 2 美元,市值与公司的现金流相当。

弗拉纳诺已经为新药努力了 18 年,写过三份商业计划书,从风投基金和公众投资者那里募集了 1.81 亿美元资金,他从始至终都坚信自己可以给肾病患者提供一种延长生命、减少痛苦的药物。弗拉纳诺很有希望成为治疗肾病和其他循环系统疾病的先驱者,他完全有理由相信这一点。尽管美国食品与药品监管局的药物审批流程是出了名的复杂并且充满不可预知性,但弗拉纳诺的投资人在这方面有着丰富的经验,也了解新药物投资所存在的风险。然而谈到创业,过去的成功不代表未来也会成功。

## 从白宫到购物中心

迪恩·卡门(Dean Kamen)是一位天才发明家,被普遍视为我们这个时代的托马斯·爱迪生。他以极高的创新天赋而闻名。卡门有一间私人实验室,他在那里发明了 400 多款专利产品。20 世纪 70 年代,卡门从大学退学,发明了一款可穿戴式输液泵。如今,这款输液泵已经成为许多靠胰岛素疗法生存的糖尿病患者日常生活中不可分割的一部分。除了其他创新性设备以外,他还发明了一种冠状动脉血管支架,这种植入式医疗器械已经拯救了许多中风患者的性命。"艾波特"(iBot)智能轮椅也是他的杰作,这是一种适合各种地形的奇特轮椅,甚至可以爬楼梯。卡门是为美国国防部开发这款产品的,用来帮助截瘫老兵提高行动能力。

到了 20 世纪 90 年代,卡门开始着手研发他所说的"个人交通工具",即一种新型的个人移动设备。该项目是秘密进行的,因为他担心如果走漏了风声,其他人就会抄袭这款产品。过去,卡门都是先为自己发明的产品申请专利权,然后授权其他公司代工生产;但这一次,他打算围绕这款革命性产品创建一家新公司。他不想把自己的想法付诸文字,因而没有写任何商业计划书,但凭借着良好的信誉,他还是从风投基金那里募集到了 9000 万美元。所有投资人都发誓要为他保密。

2001 年的整个夏天,人们都在期待卡门推出一项新发明,炒作在继续着。外界只知道卡门正在做一个大项目,该项目的代号为"活力"(Ginger)。卡门只对外界宣称,"活力"项目将给人们的出行工具带来彻底变革,它"对于汽车的意义,就相当于汽车对于马车的意义"。史蒂夫·乔布斯曾见过这款绝密产品的原型。他说,这款产品的重要性不亚于个人电脑。此话一出,人们的兴奋之情更是有增无减,就连硅谷最具影响力的风险投资家之一约翰·杜尔(John Doerr)也宣称该产品将比互联网更加重要。

2001 年 12 月 3 日,卡门终于揭开了"赛格威"(Segway)平衡车的神秘面纱。这款平衡车巧妙地将计算机、陀螺仪、电池、传感器和电动马达结合起来;按一名记者的说法,它重新定义了轮子。运动员、电影明星甚至连时任美国总统的小布什都兴高采烈地骑着这款优雅的平衡车亮相。卡门预测说,他发明的这款产品将取代城市街道上的私家车和公交车,并宣称"汽车将在城市中消失"。亚马逊创始人杰夫·贝索斯赞同这个说法,他说:"未来城市将离不开平衡车。"他认为,人们今后将骑着"赛格威"上下班,再也不需要开车了。

然而产品发布几周后,市场对于这款新颖独特的产品却反应平淡。15 年后,"赛格威"平衡车的使用者大多是大型购物中心和机场里的保安。尽管它是一款了不起的产品,但公众并不买账。卡门梦想着每年生产数百万台这种个人交通工具,然而,直到今天,这款产品的全球年销量也只有 6000 台左右。

我问卡门,为什么"赛格威"会落得如此结局?他怪自己误判了技术发展轨迹,意识太过超前。"我犯了一个新手才会犯的错误。我原以为顾客会需要这种产品,但实际上,也许他们不会真正使用平衡车。"他苦笑道,"在为'赛格威'感到震撼之余,人们最常问我的问题就是'下雨怎么办'。我马上意识到自己犯了个错误。"卡门还发现,城市规划者居然也不接受"赛格威",这让他觉得难以置信。他认为,这款产品可以帮助市政当局解决交通拥堵和无处建造多层停车场等问题。但事与愿违,城市规划者认为平衡车会导致街道更加拥挤,并威胁到行人安全。我的妻子是一名忙碌的职业女性,当我和她第一次看到"赛格威"的视频片段时,她翻了翻白眼,说道:"我该把儿童安全座椅和杂货放哪里呢?"这段屈辱的经历让卡门记住了一点:对于潜在市场需求,创业者必须做出现实的评估;而这也正是每一名发明家型创业者需要铭记于心的。即便是一位非常成功的天才发明家,也有可能把事情搞砸。

"活力"项目以失败告终,卡门回归实验室,继续他的发明创造。2010年,他又推出了一款了不起的自主假肢产品。这款名为"卢克"(Luke)的假肢与用户原生肢体上的神经相连,使假肢本能地对大脑的指令做出反应。

## 东山再起

下面这个故事的主人公我们暂且称之为托尼·希曼(Tony Seaman)。托尼是一名热衷于帆船运动的工程专业学生,他在大学毕业前就开始创业了,而这个过程充满了艰辛。快上大四时,他想选一门容易点的选修课。他听其他工程系学生说"企业绪论"(Introduction to Entrepreneur)这门课很好学,也没多做考虑,便选修了该课程。教他的一些工程学教授开过公司,而他也知道很多工程师都成了企业家。因此,他想了解一下如何创业,这或许对自己有帮助。

后来,托尼向我描述这门选修课时说:"除了听教授把几小时可以讲完的内容变成4个月的长篇大论之外,学生们所需做的事情就是写商业计划书。"就像每年选修的诸多课程一样,他只有两周时间提出创业的想法,教授所提供的指导大部分是引导他们从个人爱好中寻找创业灵感。对托尼来说,他的个人爱好就是玩帆船。托尼的家乡距离大西洋只有 1 英里(约合 1.6 千米),从 14 岁起,他就一直在一家造船厂里打工。

托尼的商业计划书描述了自己毕业后第一年可能遇到的问题以及解决方案。他要去滨海城市纽约生活,却没有足够的钱把帆船停靠在船坞里。他想发明一艘重量不超过 100 磅的可折叠双体帆船,可以装在旅行袋里坐地铁或者放在衣橱里。托尼曾上过材料学课程,所以他知道可以用质地轻薄坚韧的碳纤维来制作这种船。

两周后,轮到他在课堂上讲述自己的创业想法了,托尼用纸折了个模型,在教授的提示下向全班同学推介这款产品:"这可不是普通的轻薄便携式帆船,它的性能非常出色,堪称帆船中的阿斯顿·马丁。"托尼发表完演讲之后,教授兴奋地对他说:"你一定要开公司,把这款产品生产出来。"托尼最终获得了学校的商业计划大赛冠军,成为校园里的明星,人见人夸,仿佛他已经成了一名成功创业者似的。

在教授和商业计划大赛评委们的鼓动下,托尼对可折叠式双体帆船越发感兴趣。有工程公司给他发来了聘任书,被他婉言谢绝了。他前往纽约,找了份酒吧服务员的兼职工作,并开始着手建造折叠式帆船。遗憾的是,热情蒙蔽了托尼的双眼,使他看不到一些事实。首先,在过去 10 多年里,帆船的销量一直呈急剧下滑趋势,2014 年的帆船销量只有 2004 年的 1/5。显然,帆船和风筝冲浪市场已经日薄西山。

其次,如果采用轻质材料制作帆船,其成本至少为 24000 美元。托尼自认为是一名创业者,想发明一艘具有革命性意义的帆船,然而这款产品的市场前景并不明朗。他用嵌入式陀螺仪设计新型船舵,让没有经验的用户也能像职业选手那样驾驶帆船。根据他的设计蓝图,这将是世界上第一艘无人驾驶帆船;但是,要建造这样一艘帆船,还得再花 10000 美元。

我问托尼,他凭什么认为消费者会花 24000 美元买一艘可折叠式帆船? 他们可以用这笔钱在码头租用很多次帆船。他争辩说,埃隆·马斯克的策略就是把前期生产出来的电动汽车卖给富有的客户,以此带动后续型号的研发和生产,再把后续产品卖给更多顾客。我提醒他说,马斯克的客户一听说车子上了生产线,就已经求爷爷告奶奶地抢购了,他们只想买一辆时髦的电动汽车,才不会在乎价格呢。可折叠式帆船也有这么大的潜在市场需求吗?

托尼身边的人只是一味地鼓舞和怂恿他去做这件事,其实他们更应该适当地唱唱反调。他们都给托尼打气鼓劲,而我是唯一向他泼冷水的人,经常拒绝他向我提出的投资请求,并指出他的产品是不会有市场的。

撞了两年南墙之后,托尼终于决定放弃了。他考上了加州大学伯克利分校,攻读工程硕士学位,并打算专注于机器人技术和自主感应控制系统的研究工作。可是,在重返校园之前,他要先存一笔钱,于是应聘了一家船舶轮机工程公司。托尼在工作中发现,远洋货轮没有充分利用数据流来减少燃油消耗。这些货轮造价高达数亿美元,而船上货物的价值更是轮船造价的数倍之巨,但船上居然没有安装家用轿车和货车常用的人工智能设备,在托尼看来,这是件令人费解的事情。货轮上的人工智能设备有助于船员根据不断变化的天气和海洋状况设定最有效的速度和燃油使用量,并持续调整航行路线。托尼开始对这个问题进行深入研究,发现了一个巨大产业的技术支持领域中存在的漏洞,它对于促进全球商业的物流网络至关重要。

托尼的真名其实叫福如安东尼·迪马莱(Anthony DiMare)。有些人创业失败之后总想着东山再起,而他就是这种创业者。这次他很幸运,建立起一个由经验丰富的顾问组成的网络(很多有志创业者把时间浪费在那些装腔作势的专家身上,而这些所谓的专家往往是多次创业失败之人。他们装出一副见多识广、经验丰富的样子,可实际上,他们既不知道如何成功创业,也没有这方面的经验)。而更幸运的是,这群专家里有布雷·佩蒂斯(Bre Pettis),即机器人打印公司(Makerbot)的创始人之一。强大的人际关系网络包含了重要的二级网络,在安东尼的游说之下,佩蒂斯也相信他的技术和未来规划是有可能实现的,于是向安东尼敞开了投资的大门。2016 年,佩蒂斯投资 200 万美元,帮助安东尼创立了鹦鹉螺实验室(Nautilus Labs);更重要的是,安东尼收到了一封采购意向书,该实验室研发的智能导航辅助系统将被安装在一支由 22 艘船组成的船队上。在没有写任何商业计划书的情况下,安东尼·迪马莱便创立了鹦鹉螺实验室。

我问安东尼,他从第一次创业中吸取了哪些经验教训,从而让鹦鹉螺实验室获得成功呢? 他沉思半晌,给了我一个非常有趣的答案:"创业前我了解得实在太少了。错误的想法是不会产生好公司的,我做过最明智的事情就是及时停了下来。可我担心的是,如果我回学校读书,可能就再也没机会创业了,所以我暂时没去伯克利读研究生。也许我学到的经验就是,如果第二次创业再失败的话,那就写份计划书吧。结果这次成功了。我希望自己能够学会明智地决策和重视调研,并且知道如何迅速判断出哪些人能真正帮助我,哪些人帮不了我。"

## 没人知道初创企业失败的原因

弗拉纳诺、卡门和安东尼的故事令人不安。没有创业者希望一败涂地,然而,统计数据提醒我们,成功的初创企业并不多,更多的初创企业都是以失败告终。你应该如何才能避免失败呢?

上网随意搜索一下,就会查到几十种所谓的创业失败的原因。很多原因听起来很有道理,但绝大多数原因对于我们避免创业失败毫无帮助。这些原因被称为"风险点"(point risks),因为它们指出了某些具体的失败理由,而许多倒闭企业的创始人就是失败的理由。

也许人们最常提到的创业失败原因就是企业无法穿越所谓的"死亡谷"（Valley of Death），即在成立后的一段时间里，企业无法筹集到足够资金完成产品研发，在它能够大展拳脚之前就已耗光了所有资源。

"死亡谷"之所以被公认为创业失败的主要原因，是因为所有失败的创业者都认为：如果他们有更多时间、更多资金和更多立场坚定的投资人，那他们就能创业成功了。这个理由看似最合理、最容易为之辩解，也最不会受到谴责。如果事情真这么简单就好了。

但是，初创企业的失败不能归结于单一的理由。亨利·路易斯·门肯（H. L. Mencken）有一句名言说得很在理："每一个复杂的问题都有一个清晰、简练的答案，这个答案看上去很合理，但其实是错的。"我们知道，许多不成功的创业者认为自己失败的原因是资金短缺，可即便我们知道这一点，对于解决问题也没有太大帮助；而且在绝大多数情况下，这种看法有可能是错的。此外，抛开其他不说，难道创业者应该暂停企业的经营活动，一心一意去筹钱吗？如何才能结束这样的恶性循环？

弗拉纳诺所面临的问题肯定不是资金短缺。从研制一种很有市场前景的药物那一刻起，他就一直得到经验丰富的风投企业的支持，前前后后共获得1.09亿美元资助，这可是普通初创企业能获得的风险投资额的许多倍。这笔资金刺激着公众投资者又追加了数百万美元投资，而这些投资者多数是见多识广的生物技术行家。同样地，卡门的"赛格威"电动平衡车也不是因为缺乏资金而遭遇滑铁卢的。由于名声在外，他得到了硅谷一些著名投资人的青睐和慷慨解囊。再看安东尼，即使他能够从家人和朋友那里募集到资金，可如果他无法卖出足够多的可折叠式帆船以维持后续生产并将资金返还给投资人，那将会有什么样的结果？

公司创始人之间的矛盾是人们经常提及的另一个创业失败的理由,但这个理由无法解释弗拉纳诺、卡门和安东尼为何会失败。他们都是公司的唯一创始人,根本不存在内部矛盾之说。还有人认为,企业不应该将未成熟的产品推向市场,这个观点同样无法解释新创企业为何会倒闭。弗拉纳诺的药物是否能上市、何时能上市,这完全由联邦食品与药品监管局说了算。假如他的药物能够产生疗效的话,每一名透析病人都会翘首以盼。从 2001 年到 2010 年这 10 年时间里,卡门的产品还是没有取得长足的进步。

人们往往认为,除了无法穿越创业的"死亡谷"之外,初创企业的另一个失败原因是它们的产品无法与类似的产品竞争。可是,安东尼的可折叠式帆船在市场上并没有强劲的竞争对手,弗拉纳诺和卡门也不是被竞争对手的更优质的产品或更高效的市场营销活动打败的。他们研发的是市场上独一无二的产品,所以不存在竞争对手的问题。

为了使自己的发明获得成功,弗拉纳诺、卡门和托尼都奉献了自己的全部精力,所以,创业者一心多用的问题也没有体现在他们身上。人们经常把创业失败归咎于创业者一心多用,认为他们只是把创业当作一种爱好,没有全身心地投入到项目中;或者认为他们光有抱负和一腔热情,却没有能力或不愿意辞去安稳的全职工作,全身心地投入到新事业上。

从理论层面分析初创企业失败原因的做法无异于纸上谈兵。受过良好教育的创业者可能认为,只有小心翼翼地引导企业避开创业陷阱,他们的企业才能取得成功。从这个角度来说,不犯错、不让企业倒闭就变成了创业者的职责。在酝酿创意的过程中,创业者难免会犯错,而逃避失败绝对不是明智的选择。与其逃避失败,不如预防失败。

## 给自己的初创企业投保

所有初创企业都会面临各种普遍存在的风险。千万不要专注于特定风险,而是要预见那些一般性风险,并尝试提前缓解它们所带来的影响,或者将影响减小到最低程度。明白了这一点,就能更好地提升初创企业的成功概率。

如果拿保险做比喻,特定风险与一般性风险之间的区别就变得很明显。在我们很多人看来,这是一个很枯燥的话题。我们都知道,保险公司本质上属于风险评估企业。如果你刚刚开了一间工厂,不妨考虑为厂房买份火灾险。保险公司会根据以往经验判断哪些地方存在索赔风险,从而确定保单的时效性、承保范围和价格。如果你的厂房在火灾中受损或焚毁,保险公司会给予赔偿。因此,保险公司要做的第一件事就是收集工厂的相关信息,以评估火灾风险,比如:这家工厂是生产甘油炸药还是鞋子的?厂房是木质结构还是砖石结构的?厂房里是否安装了烟雾探测器或自动喷水消防系统?它距离最近的消防队有多远?保险公司还要考虑工厂是否采取了某些防火措施,比如:将易燃材料储藏在适当的地方,常备阻燃毛毯,安装阻燃天花板,等等。保险公司会要求工厂协助其降低火灾风险。

以上述比喻作为参照,思考一下你的初创企业中有哪些可能造成重大损失的地方。为了从一开始就提升成功的概率,你能发现企业存在哪些一般性风险并加以管控?你能做些什么来降低失败的概率?有志于创业的人应该像买了"创业失败险"一样,从保险公司的角度对自身想法的价值进行严格评估,毕竟你在这家企业投入了时间、精力和金钱,而这些都是以绝对价值或错失的其他事业为代价的。

## 调研、调研、再调研

如果一个创意无法变成一家成功的企业，其损失是无法挽回的。在那些善意支持者的怂恿下，你的创业热情被激发了起来，可还没等到产品下线，你的厂房却早已化为灰烬。正如我们在本书看到的绝大多数故事那样，没有哪个初创企业能够确保自己的创新产品会受到市场的欢迎。相反，有些创意天生就注定要失败。

与其他有志于创业的人相比，创业爱好者会更加为这些创意食不知味、夜不能寐，他们为了创意四处奔走，但其实创立公司才是他们的本意。假如安东尼怀疑过自己发明的帆船是否受客户欢迎，也许他就能省下 3 年时间，不去研发一款没人会买的产品；假如他从保险公司的角度去评估风险，以批判的眼光做些调研，也许就能够减少失败的风险。

遗憾的是，许多想要成为创业者的人以为自己拥有伟大的创意，早已被兴奋之情冲昏了头脑，根本容不得其他事物的干扰。只要稍做市场调研，安东尼就可以发现帆船的销量在锐减；而他用于制造帆船的碳纤维材料非常贵，会影响产品销量。如果他知道这两方面的信息，也许就会放弃这个创意，想一些更加切实可行的点子。如果当时没有想到更好的点子，他可能会到一家工程企业任职，几年后再酝酿出新的创意。

令人意想不到的是，大学生反而最不喜欢做研究。对他们而言，大学图书馆近在咫尺，里面有很多在互联网上难觅踪迹的技术文献，如果他们想研究技术发展轨迹，那可比其他没有如此海量学术资源的创业者要容易得多。举个例子：学校里有很多具备某方面专长的教授，他们的办公室与学生教室之间通常只有几幢建筑物的距离，然而，学生们很少去向教授讨教专业知识。我经常担任学校举行的商业计划大赛的评委,然而,每当看到学生的商业计划书中明显缺乏关键背景知识时,我总是忍不住问他们:"你研究过这样做的可行性吗?"或者"你有没有查过专利申请档案,看看这种发明是否已经存在?"又或者,我会问他们:"是否有其他人尝试过将类似创意转化为产品?"安东尼参加商业计划大赛之前,难道他的指导老师不应该问问他是否做过任何非正式的市场调研吗?安东尼是否问过除了家人、朋友和支持者以外的任何人这样一个问题:他们愿不愿意花 34000 美元买一艘可折叠式帆船?

卡门的"赛格威"平衡车故事告诉我们,忽视实证调研的人并不仅仅限于大学生。卡门对个人交通工具的发展前景产生了浓厚兴趣,凭借着过往的成就,他很快便募集了大笔资金。鉴于卡门良好的声誉,有哪一个投资人不想参与到他的初创企业中来?他们很可能都在担心一件事情:如果错失了这次投资机会,卡门会找其他投资人投资,这种感觉跟我们没有在 2006 年以 26 美元的价格购买亚马逊股票是一样的。

只要稍做调研,卡门也许就能发现平衡车的市场需求是很小的。想象一下,假如卡门向他的潜在客户(哪怕是一小部分客户也好)简单介绍了自己的平衡车,接下来将会发生什么?首先,他可能会意识到平衡车有一个常见的竞争对手:轻型摩托车。世界各地的城市的上班族很喜欢这种多用途的交通工具,它们速度够快,不会遭遇堵车,方便停放,而且油耗很低。不过,轻型摩托车在美国市场的接受度不高,因为美国人上下班的平均通勤距离实在太远,而且美国很多地方天气恶劣,摩托车经常派不上用场。即使"赛格威"平衡车因为价格低廉而取代了轻型摩托车,它的实用性也不够高。平衡车上没地方放带塑料外壳的婴儿背带,而在经常下雨的巴黎和雅加达,人们可以把东西放在摩托车的后备厢里。

### 避免落入技术陷阱

相比于创业者,投资人有时候会对某个创业机会进行更深入的调研。什么?这怎么可能?第一次遇到这种状况时,我也觉得很困惑,简直不敢相信自己的眼睛。投资人不仅要评估某个商业构思的发展潜力(风险投资人的常用语),还要评估它所产生的风险,这两者的重要性不相上下。他们主要考虑哪些方面的因素呢?

从本质上说,人们创立企业的目的是把新想法推向市场。然而,在追求独特产品的过程中,许多创业者陷入了所谓的"技术陷阱"当中。随着科技的发展,人们可以发明很多新事物,因此,创业者可能理所当然地认为市场需要新产品。这通常是他们发明新产品的原因。手机就是很好的例子,在它出现之前,我们并不觉得自己需要这种产品。

但是,发明新产品的动机并不是绝对的。许多新产品虽然被发明了出来,却毫无用处。每年都有成千上万的新产品面世,但它们要解决的却是根本不存在的问题。有一种获得专利的器皿,可以把鸡蛋煮成方形,以便于切成薄片,但没有人需要这样的器皿;更没有人需要带剃须刀功能的手机。

如今,我们已经处于"万物互联"时代,数字技术的演变到了历史转角,智能设备可以相互关联,新产品层出不穷。这些产品反映出人们的隐性需求,而只有在某种依赖于互联设备的解决方案出现时,这些需求才会显露出来。如果某个人养的狗走丢了,那他要庆幸他的狗戴了"口哨"(Whistle)牌项圈,项圈上有全球定位系统装置,可以在数秒内确定狗的精确位置。现在,千百万人可以从地球的另一边遥控和查看家里的安保系统和能源使用情况。亚马逊推出的智能音箱爱丽莎(Alexa)让我们只要动动嘴皮子,就可以听到自己最爱的音乐专辑,再也不用翻遍装 CD 的抽屉去找歌了。谷歌的"全家桶"(Home)智能音箱也能做同样的事情,只要你对它说:"嗨,谷歌,请帮我……"

有些应用程序很有趣,但却没有太大价值。例如:在某个晴朗的、满天星斗的夜晚,我们躺在沙滩上,看到头顶 5 英里(约合 8 千米)高空有个闪亮的光点;打开手机里的应用程序"全球航班雷达"(Flight Radar 24),就能得知那个光点是达美航空(Delta)从法兰克福飞往亚特兰大的 234 号航班。这是件很有趣的事情,但实事求是地说,这样的信息毫无用处。有些所谓的"新发现"其实是达不到预期目标的。作为商业计划大赛评委,我在三所不同大学里听到过有选手要开发智能煎锅。他们把感应器装在煎锅上,然后设计出手机应用程序,该程序可以让用户知道蛋什么时候能煎好。煎蛋根本不用搞得这么复杂。有些产品很容易发明出来,但这并不意味着它们很实用。

在创业者提供的产品和服务面前,投资人想方设法去评估它们的实用性和适销性,再决定是否投资该产品或服务。有志于创业的人也应该这样做。光有"新颖"是不够的;不是任何东西都能跟互联网扯上关系,甚至连改良后的真空吸尘器也无法做到这一点。

## 创新不能触碰法律红线

"普罗特安"没有通过联邦食品与药品监管局的法定审核。很多批评家提出,食品与药品监管局的药物审批流程存在重大缺陷,但无论人们喜不喜欢这套流程,弗拉纳诺和他的投资人都了解法律法规的要求,愿意付出高昂的代价跑完这场"马拉松"。

人们在创业伊始不太可能预见到的一些法规风险也可能给初创企业带来致命打击。假如霍华德·海德在今天创业,他在自家不通风的车库里煮润滑油所产生的有毒烟雾会被邻居闻到,这些邻居肯定会举报他,小作坊很可能会被勒令关闭,而海德本人也将面临重罚。类似的风险还有很多,比如:违反用地条例,在错误的地方从事制造活动,不按规定倾倒生产废料,没有正确计算工资税,等等。甚至连你房子外面停了太多车或者居民区里停有太多快递卡车,也会遭到左邻右舍举报。所有这些风险都可能让财力并不雄厚的初创企业在发展过程中夭折,或者分散创业者的注意力,使其疲于应付政府机构的刁难。

监管机构制定的法规不可能都查得到,但为了将风险降到最低,创业者应该花点时间思考一下,猜测哪些法规可能适用于自己所在的行业,然后做一些基本的调研,看看可以采取哪些应对措施。随着企业规模不断扩大,员工人数越来越多,企业也要遵守更复杂的联邦、州和地方政府的劳动法规,因为政府主管机构真的有能力关停违法企业并冻结其账户,甚至没收企业资产。并非所有初创企业都需要找一位懂行的律师来评估哪些法规有可能适用于企业,但企业也可以在这方面做些基础工作。

在做市场调研时,有时候也会遭遇法律法规方面的陷阱。几年前,我的两个学生对创业怀有浓厚的兴趣。有一天,他们来找我,让我给他们想到的一个创业点子提些意见,甚至还带来了图纸和电子数据表格。他们怀着无比的创业热情,称自己的企业会极大提升人们的身体健康水平。他们想打造一个专门从事人体器官配对和交易的竞拍实体,并宣称该实体将使买卖双方的器官配对过程更高效、比现有注册系统更透明,为那些急需置换器官的病人服务,从而拯救更多人的生命。他们说,很多人担心器官交易只对富人有利,但他们认为这个问题可以通过众筹或保险公司为投保人购买器官解决。交易平台的收益将来自买家支付的手续费和器官买卖之间的价差,它的作用就相当于以前的造市商(market maker)。我耐着性子听了5分钟,然后用一个问题打断了他们的发言:"你们是否查阅过与人体器官买卖相关的联邦法律?"我坐在椅子上,转过身,往电脑里输入了"人体器官交易"几个字。不到 10 秒钟,我们就得到了明确的答案。这种人体器官买卖生意是违法的,他们顿时吓得目瞪口呆。

## 灵活调整目标

在公司创立初期,要抓住一切可以让公司发展壮大的机会,从而降低创业失败的风险。美国南方人用"不会打猎的狗"来形容毫无意义或无用的创意,这里所说的狗指的是指示犬和寻回犬,它们很适合用来探讨那些看不到眼前机会的初创企业。请记住,创立企业的目的是寻求将生意做大做强的机会,所以,在经营企业的过程中,需要保持一定的灵活度,在努力实现初始目标的同时,以开放的心态考虑其他机会。

放眼世界,几乎很难找到一家按创始人最初设想发展壮大起来的成功企业。新公司和新产品一样,都不是一开始就完美无瑕的。如今,脸书已被全世界四分之一人口所熟知,但当初马克·扎克伯格创业时,他并没有预想到脸书会成为现在这个样子。在创立初期,脸书只是一个帮助哈佛大学和其他几所高校学生互相认识和约会的互联网社区平台。为了扩大公司规模,扎克伯格打算将这个平台打造成个人自定义社区,人人都可以在自己的社区里分享生活中发生的事情。不久,他便意识到脸书正在改变人们的沟通理念,于是他给平台添加了很多功能,使其满足人们的沟通需求。最终,世界各地的脸书用户人数达到了好几亿,他马上对公司进行改造,把它变成一个广告发布平台,根据人们感兴趣的话题来确定目标用户。

许多大名鼎鼎的高科技企业在创立之初有着与如今截然不同的发展规划,比如:YouTube 创立时是一个只供人们约会的网站,人们可以将介绍自己的视频上传到网站。后来,这一套不管用了,公司创始人查德·赫利(Chad Hurley)、陈士骏(Steve Chen)和贾德·卡林姆(Jawed Karim)决定放开限制,让大家共享各种各样的视频。Flickr 起初是一个多人网络游戏网站,后来,该网站建立了一个网络虚拟社区,名为"永无止境的游戏"(Game Never Ending),允许游戏玩家在社区里分享照片,这一举措受到用户的欢迎。于是,它开拓了除游戏之外的照片分享业务。高朋网(Groupon)原名"临界点"(The Point),是一个召集网民支持公益事业的网站,如果一定数量的慈善捐赠人表示对某项善举感兴趣,网站就把捐赠品集中起来,全部捐献给这个慈善项目。后来,该网站发展成为团购网,只要有足够数量的买家,它就会为这些买家提供特价商品。

假如创业者太过专注于现有产品,便有可能对更好的机会视而不见。食疗公司始于一个创意,它的创始人苏珊·布拉顿经历了很多事情,也耕耘过一个未能发展起来的市场;在饱受挫折之余,她发现自己成立的新公司可以出售更具市场前景的产品。

这让我们回想起迈克尔·莱文的创业经历。他发现了真正的机遇,为了抓住这个机遇,他想改变自己的公司,却未能如愿以偿,因为投资人坚持要求他按原计划走。根据原计划,钢铁贸易才是公司的主业,但莱文想转型销售供应链软件。用保险行业的话说,这是一个"缓解的机会",也是企业得以生存的机会。可是,当这样的机会出现时,投资人拒绝转型,不愿意走上全新的发展道路。

及早用新的创意改变业务重心,这通常是降低创业失败风险的最佳方式。因此,在找到发展壮大的机会之前,创业者不能让投资人参与企业运营。假如你不得不引入投资人,那就很难降低他们的控制权。


## 不要赶潮流

很多初创企业之所以倒闭,是因为有太多创业者蜂拥而上,生产同一款产品或提供同一种服务。他们其实并没有独树一帜的创意,只不过是在跟风爆发性的新机遇、因科技趋势转移而产生的市场热点、新的商业模式以及投资人和政治家不断变化的关注焦点而已。举个例子:10 年前,与锂离子电池相关的技术面世,一大批制造锂离子电池的初创企业瞬间横空出世。同样地,在无人机技术出现后,又有成千上万家企业开始制造无人机。接下来,很多初创企业在异常激烈的市场竞争中倒闭。

新的商业模式也能引发人们竞相模仿。2009 年,"愤怒的小鸟"(Angry Bird)这款游戏火遍全球,证明了手机游戏也可以获得极其丰厚的利润。一夜之间,一个新行业诞生了。据估计,如今每年全世界有超过 30 万款新的手机游戏面世。同一个市场中经常会出现创业潮,这是很常见的现象。突然之间,市场上出现了大量相互竞争的企业,它们销售寝具、枕头、培根和啤酒,提供按月订购化妆品服务和酒店折扣客房预订服务,这些产品和服务似乎满足了新的客户需求。

很多想创业的人非常关注投资人的一举一动,因为他们认为,当投资人的投资兴趣发生转移时,必然会出现一些蛛丝马迹。倘若投资人正在注资某个细分市场的初创企业,创业者们便会纷纷进入该领域。几年前,基础医疗护理领域似乎正在发生巨大变革,风险投资人开始青睐医疗保健初创企业,就连那些不太熟悉医疗行业的投资人也参与了进来。在这些初创企业当中,一家名为"瑟拉诺斯"(Theranos)的公司发明了一种现场验血设备,可用于免预约诊所和药房。这家公司获得了 7 亿美元风投资金。"现场验血"是一个具有革命性的概念,因为在医疗界,验血是一个冗长的过程,而且费用高昂。因此,它所表现出的强大吸引力也是可以理解的。问题在于,虽然人们对这个概念热情不减,但设备得出的测试结果却是不准确的。随着瑟拉诺斯公司轰然倒塌,投资人又继续寻找医疗行业的"独角兽"。

政策的变更通常也会让创业者对新市场产生兴趣。奥巴马医改计划(Obamacare)

通过立法之后,医疗服务市场似乎成了初创企业的香饽饽。奥巴马医改法案致力于采用新的模式为民众提供医疗保险,对保险公司的合同行为进行严格约束,收集患者资料并为其提供更好的医疗服务。许多初创企业应运而生。然而,《患者保护与平价医疗法案》(Patient Protection and Affordable Care Act)[①]的未来充满不确定性,这些企业的发展前景突然被蒙上了一层阴影。没有了政府补贴,病患护理方面的创新研究也陷入了停滞。

过去也发生过类似的戏剧性事件。美国联邦政府曾专门制订了旨在减少碳消耗量的提案,并且拨专款引导人们在该领域创业。数百家新创企业应运而生,采用最先进的技术生产和使用能源。政府给能源公司提供补贴,协助它们购买风力发电机和太阳能面板,一时间刺激了市场需求。然而,当政府补贴终止时,诸多电池制造商(比如:A123)、薄膜太阳能面板供应商［比如:盛产太阳能公司(Abound Solar)］和储能飞轮制造商［比如:灯塔电力公司(Beacon Power)］便陷入了破产的境地。当然,批量生产圆柱形太阳能面板的索林卓(Solyndra)公司的悲惨结局成为政府补贴问题的典型代表。

在创业者蜂拥而上追逐同一个目标的过程中,他们几乎很少想办法去降低风险。假如创业者是因为新技术、全新的商业模式、投资人多变的兴趣、政府激励措施、追赶市场潮流,甚至是政府数十亿美元的补贴而创立企业的话,这样的初衷是非常危险的。大量涌入的人才和资金使行业的竞争变得异常激烈,贝宝创始人、脸书的主要投资人彼得·蒂尔警告说:"任何快速发展的新兴行业都会变得甚嚣尘上,真正有潜力的创新产品很难突出重围。"

---

① 即奥巴马医改计划提出的法案。——译者注

### 酝酿创意，保护创意

投资人通常希望新创企业描述它们所处行业的准入门槛。换句话说，投资人想知道其他人抄袭创意的难度有多大。产品具备了什么样的构造或技术壁垒，才会如此昂贵或需要花费大量时间生产出来？又或者，它具有哪些特性，让抄袭者如此难以窃取你的劳动成果？过去，专利被视为最佳保护手段，一旦初创企业的知识产权获得政府认可，其他人就必须支付专利费用才能够使用该专利；而且知识产权拥有者有权利拒绝出售专利，留为己有。

在诸多挑战面前，美国原本强大的专利保护机制正逐渐失去作用。这些挑战部分源自外国竞争者，它们所在国家的司法管辖权可能不认可美国的专利有效性。对初创企业来说，若要打击专利侵权行为，可能会涉及高昂的诉讼费用，而且旷日持久，对于资金紧缺的初创企业来说，这是有百害而无一利的事情，因为我们如今的司法制度只对那些能够以重金聘请律师团队的大公司有利。那么，有更好的办法降低专利被侵权的风险吗？

为了解决这个问题，初创企业必须分三步走：（1）小心谨慎地酝酿创意；（2）尽量不动声色地试销产品；（3）通过企业的生产和分销机制使产品一炮打响，表明你要用这款革命性产品占领目标市场。希腊式酸奶生产企业乔巴尼（Chobani）公司创始人哈姆迪·乌鲁卡亚（Hamdi Ulukaya）就是用这个策略来保护自己的专利的。乌鲁卡亚来自一个土耳其移民家庭，家住纽约北部的农村地区。他创立的第一家公司生产的是希腊羊奶干酪，后来，他认为这种产品市场容量有限，无法支撑他建立大企业的梦想。

当时，低脂肪的健康食品越来越引起人们的关注。对这种产品做了一番研究之后，乌鲁卡亚决定把关注的重点放在酸奶上面。尽管酸奶在 20 世纪 60 年代就已经成为美国人的日常食品，而且被市场广泛接受，但在乌鲁卡亚看来，这种食品还有改进的余地，比如降低脂肪含量、提高蛋白质含量并大幅度提升口感。2005年，他收购了位于纽约南埃德默斯顿（South Edmeston）的一家被卡夫食品公司遗弃的大型奶制品加工厂。他和自己的小团队花了540天时间来完善产品配方和重新装备工厂，不为别的，就为了生产"乔巴尼"牌希腊酸奶。

2007年，这种新的酸奶进入市场。6年后，乔巴尼公司成为美国最大的酸奶制造商。乌鲁卡亚知道，酸奶这种产品不太可能获得专利保护。因为他的酸奶配方虽然很独特，却是可以复制的。于是，乌鲁卡亚决定加快步伐，迅速扩张规模，成为行业内的领军企业。这样的话，其他奶制品生产商就会猝不及防，他可以趁势摆脱竞争者的追赶，牢牢树立希腊酸奶市场领导者的地位。

## 聘请一位出色的职业经理人

我希望有一天，布鲁斯·杰曼（Bruce German）教授会因为提高了数千万名新生婴儿的生命质量而广为人知。杰曼教授是加州大学戴维斯分校的营养学研究员，研究了20多年母乳喂养。2012年，他的科研工作取得了突破性进展。杰曼从世界各地收集了母乳微生物样本，对样本进行一番比对之后，他发现一件事：发达国家的新生儿母亲从孩童时期起便照例按医嘱摄入抗生素，以抵御传染病和感冒。这些母亲的母乳缺乏好几种微生物，而这些微生物恰恰是保护婴儿不受哮喘、食物过敏、肥胖症、Ⅰ型糖尿病和过敏性疾病侵害的关键物质。让杰曼感到好奇的是，很多发展中国家的婴儿倒不会出现这些疾病。

杰曼和同事发明了一种具有独创性的益生菌药物。婴儿出生后不久，只要给其喂几滴益生菌，就能帮助其胃部繁殖大量缺失的有益菌。杰曼找到一家大型制药公司，希望这种新药能够引起它的兴趣，但这家公司对他的提议置若罔闻，这个经历与弗拉纳诺的倒是如出一辙。制药公司认为,小剂量药物很难收回公司在研发和临床试验阶段的巨额投入。

苦苦奋斗几年后,杰曼终于创立了自己的公司。谈到成功创业者的条件,他觉得自己并不清楚;更重要的是,杰曼认为基础科研工作比写商业计划书有趣得多。然而,他还是很热衷于创立一家公司来生产自己研发的药物,并且不厌其烦地去申请联邦食品与药品监管局的认证。不到 6 个月时间,杰曼的初创公司就从风投基金那里募集到了 1000 万美元,开始进行必要的科研工作。有朝一日,进化生物系统(Evolve Biosystem)公司生产的益生菌可能会成为每一名新生儿人生中的第一顿饭。请想一想,我们人类的发病率和死亡率有多高,而我们的社会为了治疗这些终身疾病付出了多么巨大的代价。未来的某一天,这种状况可能会减少或彻底消除,因为杰曼很聪明,懂得扬长避短。

## 第九章  不做无用功

　　从因果关系上讲,有些事情是没有必然联系的,而我们却自欺欺人,依然相信它们之间存在联系。许多运动健将就是很好的例子。在迈克尔·乔丹(Michael Jordan)的 NBA 职业生涯中,每逢芝加哥公牛队(Chicago Bulls)的比赛,他都要在球衣下面再穿一条幸运短裤,而那条裤子是他为北卡罗来纳大学(University of North Carolina)效力时留下的球裤。著名的波士顿红袜队(Boston Red Sox)三垒手韦德·博格斯(Wade Boggs)在每一场主场比赛开始前都要吃鸡肉,在内场练习时接 150 个地滚球,并且在下午 7 点 17 分准时进行短距离全速冲刺练习。赢得 2000 年美国棒球大联盟冠军的纽约大都会队(Mets)替补投手特克·温德尔(Turk Wendell)被称为“棒球史上最迷信的运动员”。每次投球之前,他都要嚼 4 片甘草,打完每一局比赛之后都要刷牙,而且从不站在罚球线上。女性运动员也很容易受迷信的影响,比如:网球超级巨星塞雷娜·威廉姆斯(Serena Williams)在场上比赛时总是把洗澡用的拖鞋放在身边。

　　并非只有运动员才会相信错误的因果关系。诺贝尔物理学奖得主理查德·费曼(Richard Feyman)是一位才华横溢、言辞诙谐的科学家,1974 年,他在加州理工学院毕业典礼上发表了名为“学会不欺骗自己”(Learning How Not to Fool Yourself)的演讲。费曼提醒年轻科学家不要掉进“伪科学”陷阱中,他所谓的"伪科学",就是我们今天所说的"垃圾科学"。他指出,很多专家宣称自己能够解决各种各样的问题,包括如何减少犯罪和治疗精神疾病等,但这些治疗社会顽疾的配方到底管不管用,专家们却没有提供相应的证据。

对于他们想改变的社会现象,这些空话没有产生任何效果,一切如旧。实际上,人们自认为知道的东西和他们真正知道的东西之间存在巨大的差异,我们很容易把巧合当作必然。

在演讲中,费曼讲述了一个发生在太平洋偏远岛屿上的故事。这座岛上居住着土著岛民,他们对 20 世纪的先进科技一无所知。第二次世界大战期间,美军在岛上建了个空军基地。有好几个月时间,美军飞机频繁往来于小岛,给驻岛部队提供给养,而士兵们则把他们的食物、啤酒和其他物品分享给当地土著。战争结束后,美军离开了小岛,空军基地关闭了,就再也没有飞机往岛上运送给养。

土著想让那些空投物资的"神明"们回到小岛,于是他们开始模仿已回国美军的行为。他们打扫飞机跑道,假装自己在开那些被遗弃的吉普车;用椰子壳做成头戴式耳机戴在头上,坐在已经荒废的飞行控制塔里;进行列队训练,挥舞着竹棍,仿佛手里拿着步枪似的。简而言之,土著们发明了费曼所谓的"货物崇拜"(cargo cult)文化。岛民们对外部世界一无所知,他们认为,只要模仿美军士兵的日常行为,天上就会掉下货物。

费曼想用这个故事告诫在场的年轻科学家:在向别人灌输理论之前,一定要确保这个理论是正确的。他提醒毕业生,在重复试验之后,倘若研究结果的真实性无法验证,那就不要传播这些研究结果:"有时候,我们会把很多想法汇聚在一起,形成一种复杂的理论。那么,在向别人讲解这种理论的适用性时,我们要确保它所适用的事物不仅仅是那些让你获得理论灵感的事物。"

费曼已经预见到了与内隐人格理论相关的问题,而这一理论适用于如今很多想创业的人。许多人把连帽衫当作法宝,整天穿在身上,然后自诩为创业者,希望

"创业之神"能够像青睐马克·扎克伯格那样激发他们创业的灵感。他们认为创业成功是需要遵循一些步骤的,而在大学里选修创业课程也是步骤之一。

## 选工程学还是创业学?

高中毕业那年,丹尼·福斯特(Denny Foster)申请大学时选择了工程专业,因为他父亲和几个哥哥也是工程专业出身。福斯特很聪明,精力充沛,懂得自我约束,而且在机械方面颇具天赋,曾经得过高中机器人竞赛大奖。如果说有一种人天生就适合做工程师的话,那福斯特就是这种人。

大二结束时,福斯特决定改专业,转修创业学。在大三开始前不久,他找到了我。福斯特以为自己正在仿效我的职业发展道路,并以此为荣。他自豪地对我说,他已经把工程学抛在脑后了,在接下来这两年大学时光里,他要学习创业学,准备成为一名创业者。

我先不发表意见,只问他是否有了什么创业的好点子。福斯特的答案一点儿都不让我觉得意外。他说,他打算毕业后加入学校的创业孵化器,在那里寻找创业的灵感。我对他说,他应该继续读工程专业。这话让他大吃一惊。

我为什么给他这个建议?首先,与其他专业相比,工程学毕业生创立公司的数量要多得多,而且一般来说,他们会在毕业很久以后才创立自己的第一家公司。当我向福斯特讲述这个事实时,他完全忽略了我的建议。他被一种错误的经验主义观念所误导,这种观念是由学校里的教授和辅导员灌输给他的。他们向福斯特打包票说,学校肯定会帮助他创立一家成功的企业。

福斯特接受了这种错误观念,也算是情有可原。我对创业者的建议很简单,那就是尤因·考夫曼曾说过的一句话:"学习创业的唯一方法就是创业。"在大学开设的创业学课程面前,这话看似很空洞,因为学校不仅安排了周密的创业课程,还教学生如何写商业计划书，并安排毕业生进入创业孵化器实践所学到的理论，充分满足了越来越多学生想学习如何创业的需求。

然而，与数十万名学习创业学的大学生一样，福斯特也是大专院校所犯错误的牺牲品。哲学家把这种错误称为"范畴错误"。教授们认为，创业学课程跟会计课和牙医课没什么区别，无非就是给学生们灌输一些具体的知识和技能，这样就肯定能产生预期效果。他们还认为，学生们一旦吸收了课程当中以经验为基础的核心知识，就能提高创业成功的概率。

这些老学究们使福斯特相信，只要他读完必修科目，然后进入学校的创业孵化器实践一年时间，他就能明白创业是怎么回事了。福斯特根本不知道创业学专业的学生创业成功的概率并不比一般人高；他也不知道该专业学生的平均终身薪酬与绝大多数大学毕业生是一样的，但要普遍低于工程专业毕业生。还有，一些大学生刚毕业时就创立了企业，这种企业在 5 年内的存活率不到 5%，福斯特对此也毫不知情。假如那些教授和出主意的人知道这个数据，他们就不会高谈阔论了。

简而言之，福斯特在换专业的时候，根本不了解那些与新专业密切相关的事实。究其原因，主要是绝大多数创业学教授对于这些事实产生了认知失调。用自以为是的想法和先入之见去解读事实，是人之常情。除非课程改名为"收购和经营一家位于佐治亚州亚特兰大市的美甲店"，否则创业学教授们可不敢打包票说他们能够教学生一些专业知识和独特技能，帮助学生们成为专业的创业者。原因很简单：创业是在某种特定情况下完成的，可不能照猫画虎。

与创业这门学问相比，会计学、化学、结构工程学等学科有着天壤之别。这些学科的基础知识体系源自数百年来人们的研究所得和系统化试验。以事实为基础的研究成果经过反复试验之后，便成为颠扑不破的定律，任何有志于从事该职业的人都必须要了解这些定律。只有这样，他们才能继续推动这些学科的发展。

会计专业的学生要懂得用真实的财务数据精确计算试算平衡表，化学专业的学生必须证明自己知道原子的分子质量是原子相互结合的原因,工程系的学生必须把钢梁强度与建筑抵御地震的能力联系起来。但是,与这些讲求定律的学科比起来,创业专业的学生就没法以同样的方式接受教育了。这世上根本不存在一个可以提高创业成功率的成熟知识体系。归根结底,创业是一种创造性的活动,照本宣科、按图索骥的做法是行不通的。

与实证学科相比,"从实践中学习"才是创业者积累知识的唯一方式,就跟外科医师和雕塑家差不多。当然了,医学和雕塑艺术这两个领域还是需要从业者深入掌握解剖学或石头材质方面的知识;但是,成功的外科手术或雕塑作品取决于隐性知识或实践知识,而这些知识都源于双手、源于实践。

丹尼·福斯特自然希望大学所教的东西与多年的学术研究之间存在确定的因果关系,但事实上,学校所教创业学的大部分是一些带有仪式感的做法,教授们认为这些做法能够帮助学生成功创业。他们教福斯特学会的第一件事就是写商业计划书,并告诉他:这是后续一切成功的基础,是与风险投资人打交道的必要条件;这些像神一般的投资人掌握着福斯特所创企业的生死大权。然后,教授们又告诉福斯特,孵化器的工作经历将有助于他酝酿创业构思,而且孵化器拥有像尤达(Yoda)那样的创业导师,他可以从导师那里学习创业的秘密。

1920年,绰号"赤脚乔"的乔·杰克逊(Joe Jackson)因在1919年世界系列赛(World Series)中受贿,导致自己的球队芝加哥白袜队输给辛辛那提红人队(Cincinnati Reds)而被判刑,这被称为著名的"黑袜事件"。当杰克逊离开法院时,一个小男孩走到他面前。和数百万名粉丝一样,这名小男孩视杰克逊为英雄,后者被判刑的消息让他震惊不已。他抬头看着"赤脚乔",用近乎哀求的语气对他说:"请告诉我,乔,这不是真的。"遗憾的是,那些放弃实用学科、转而学习如何创业的大学生可能也会说同样的话。创业专业学生所学的知识、立志创业的热血青年的所见所闻难道都毫无用处吗?凭什么这么说?

## 获奖的商业计划书

几年前,我曾在一个著名的工商管理硕士课程上,作为客串讲师对一批学生发表过演讲,这些学生都参与了某个知名的工商管理硕士培训项目。我对他们说,制订商业计划书是件徒劳无益的事情。这时候,坐在前排的一名学生嗤嗤地笑了起来,我便问他在笑什么。他说,他读本科的时候选修过创业课程,而该课程的成绩是由学生所写的商业计划书决定的。这名年轻人想建立一个网上市场,专门销售学生宿舍的二手家具。教授被他的创意打动,鼓励他参加学校一年一度的商业计划大赛。许多潜在投资人、企业高管和其他教师担任此次大赛的评委,判断参赛者的创意是否具有商业潜力。这名学生最终获得了冠军,并赢得 25000 美元奖金。接下来,他以冠军身份继续跟来自其他大学的冠军展开竞争。到了学期末,他又赢得了三场比赛的冠军,奖金总额达到了 10 万美元,并且获得了他梦寐以求的工商管理硕士奖学金。

这名年轻人对同班同学说,他的创意是不可能实现的;他还说,尽管他正在写商业计划书,但同学们是不会认可他的创意的。参加过三次比赛之后,他发现获奖的商业计划书都有某些脱离现实的特点。首先,评委们似乎特别偏爱那些具有社会责任感的创意(比如:回收旧家具),企业盈利让位于某些高尚的动机;其次,绝大多数获奖的商业计划书偏向于那些满足校园需求的产品创意,而学生市场显然需求有限,因此这种获奖的创意很少有规模化的潜力;最后,他认为评委倾向于选择那些有详细财务预算的计划,无论市场接受该产品或服务的概率有多么小。他还补充说,靠商业计划书获奖可以说是他的第一次成功创业,可能也是最后一次,因为他打算完成工商管理硕士课程之后找一份顾问的工作,专门为大企业提供咨询服务。

人们往往认为,每一次商业计划竞赛的奖金得主所提出的商业构思都是精品中的精品,他们会利用这些点子去创业。然而经验表明,绝大多数商业计划与创建成功企业之间没有实际联系。

请细想一下,莱斯大学(Rice University)的商业计划竞赛堪称同类比赛中的"超级碗",在几年时间里,该赛事的奖金总额已经达到了 300 万美元,这些奖金都是由富裕的投资人提供的。共有 1000 多名创业者申请参赛,但只有 44 人受邀前往休斯敦参加决赛。在莱斯大学商业计划竞赛的冠军得主当中,只有大约 35％的人真的创立了公司。其他高校的商业计划竞赛的后续追踪数据显示,它们的参赛者把创意转化成企业的概率更低。

这些调研结果表明,劝说创业者写商业计划书的做法似乎没有太多价值,因为这并不能保证他们一定会按照商业计划书去创业。更重要的是,调研结果验证了我在第一章提出的观点,即:尽管个别案例表明商业计划书在特定情形下或某种发展阶段中是有用的,但是,并没有客观证据证明商业计划书帮助到了大量创业者。

关于商业计划书的争论至今尚无定论,这充分说明了创业学教授的思维方式非常接近费曼所说的"货物崇拜"特征。高校很少会持续追踪创业专业学生毕业后的去向,它们也因此而忽略了评估教学成效的最佳资源。再者,高校举办完商业计划竞赛之后,只是假定获胜者是最有可能成功创业的人,但却很少跟进他们接下来的创业活动,更不用说将他们的后续经历与那些在竞赛中败北的学生进行比较了。

这种缺乏好奇心的做法令人感到困惑,说明高校认为自己设置的商业课程是无懈可击的,没必要通过检验学生创业成果的方式来确认其有效性。在绝大多数高校的宣传册中,写商业计划书被描述成创业专业学生的顶尖课程。其他专业考试一般都是检验学生对某种知识体系的掌握程度以及他们是如何把这些知识体系运用于具体情况的;而创业课程的评分完全依赖于教授对学生商业计划书中所提的创意可行性的主观评价,即该计划书在多大程度上符合"11个步骤"写作惯例以及学生如何以令人信服的方式推销自己的计划。创业学的教学方式是形式胜于实质的典型案例,一名学生对此做出了冷冰冰的评价:"书是读完了,对于创业却没有多大帮助。"

## 重塑车库创业精神

教授们鼓励像福斯特这样的创业专业的学生在孵化器中实践一段时间,他们有可能在孵化器中发现或酝酿出创业灵感。作为正式课程的辅助措施(丹尼·福斯特是在完成学业后再去孵化器的),孵化器通常是非营利性的联合办公场所,一般由当地高校、企业和商会出资或政府资助的经济发展局拨款成立,大多位于商业地块当中较难出租的区域。每个孵化器平均可以容纳25名创业者同时办公,他们可以使用孵化器1年左右时间。

这些孵化器存在的宗旨就是让有志于创业的人士相互交流想法或共同创业,鼓励租户积极进行社会交往。如此一来,创业就变成了一种集体行动。每个孵化器都有专人负责定期举行活动和报告会,以提升创业者的成功概率。其中一种经常举办的活动就是"论道之夜"晚会,由创业者在晚会上向其他创业者和潜在投资人陈述自己的创意。其他活动包括企业创始人发表演讲和旨在寻找创业灵感的"黑客马拉松";此外,孵化器还举行各种专题讨论会,主题涉及各方面内容,比如申请专利、从中国采购产品等。进驻孵化器的创业者有机会接触到可以为急需资金的初创企业提供帮助的专业律师和会计,他们希望这些初创企业将来能成为自己的客户。

只要参观过孵化器的人,都会有种在参加一场没完没了的社交活动的感觉。

在孵化器里,创业者之间的联络、沟通和聊天从不停歇,它把创业变成了一场社交活动。

通过孵化器增加初创企业数量的想法始于 20 世纪 90 年代。当时,迈克尔·波特(Michael Porter)认为,只要把某个行业的多家企业集中到同一个地方,就可以避免城市走向衰败。他还有一个更宏伟的目标,那就是将创业生态系统本地化。这个想法源自安娜李·萨克瑟尼安 1994 年的著作《区位优势:硅谷和 128 公路科技园区的文化与竞争》(*Regional Advantage：Culture and Competition in Silicon Valley and Route* 128)。安娜李在书中提出,20 世纪 80 年代帕洛阿尔托(Palo Alto)和波士顿地区经济的爆发式增长更多是源于创业活动,而不是高度集中的计算机产业。

在安娜李这本书的指引下,世界各地的城市开始复制集约化的团队资源,以此作为刺激当地经济增长的偏方。为了从创业活动中收益,创业社区需要附近的高校提供源源不断的创新资源,还要风险投资人参与到活动当中。但这些还不够。社区还需要一个场所,供创业者将自己的创意转化成企业。当初,像亚马逊、苹果、迪士尼、谷歌和惠普等大名鼎鼎的企业都是它们的创始人在车库里创立的,而孵化器的作用就相当于这些创业车库。

孵化器的理念与制定商业计划书的理念非常相似,而且似乎很有意义。然而,我们不妨回想一下,专门用来孵育新企业的孵化器一直都不是初创企业的主要诞生地。1980 年,美国只有不到 12 个初创企业孵化器。这种状况直到近年才有所改变。到了 2016 年,美国境内的孵化器达到 1600 多个。

一般来讲,孵化器似乎只是一个让创业者虚度光阴的地方,与其他的创业支持手段如出一辙。美国企业孵化协会(National Business Incubation Association)所提供的数据无法说明其会员在增加新创企业数量或创造新工作岗位数量方面做了哪些有效的工作,而且大部分孵化器面对结果调研时似乎都没有做出正面回应。这可能是因为它们知道，一旦做出回应，外界便知道这些孵化器没起什么作用。实际上，目前业界只公开出版了一份与孵化器效率相关的匹配样本研究报告，其编著者是锡拉丘兹大学的亚历杭德罗·亚梅斯昆（Alejandro Amezcun）教授。但是，这份报告使用的是 18 年前的数据，而且它得出的结论是"孵化企业的存活率稍低于非孵化企业"。

有志于创业的人在孵化器工作一年之后，其创业的概率比那些无孵化器工作经历、直接开公司的创业者高不了多少。孵化器推崇鼓励、支持和宽容的文化，因此，人们可以在里面花好几周甚至好几个月的时间去构思创意。可是，前人的无数次创业实践证明，这都是些失败的创意。在那样的环境中，创业者不太可能遇到初创企业所面对的现实问题，也不太可能把自己的精力放在更有成效的工作上。结果，作为创业生态系统最宝贵的有形资源，孵化器似乎没有对那些付出了大量时间的创业者给予积极回报。

绝大多数人在离开孵化器的时候并没有创立新企业，这通常是因为他们进入孵化器后就没有任何创意。他们只是花了几个月时间在"玩"创业，就像小孩玩过家家一样。在他们看来，创业就是走走过场而已，他们向投资人吹嘘的那些创意永远不会成为他们为之奋斗的事业。

这一发现与"创业加速器"（Entreprene Urial Accelerators）的效率研究结果相一致。创业加速器堪称孵化器的"老大哥"，尽管它与社区化的孵化器在外表上有相似之处，但加速器是由风投企业最初发起的营利性私企，其目的是有选择性地接纳有志于创业的人士。在大多数情况下，它们所接纳的创业者必须拥有一家运营中的初创公司。加速器通常会支付创业者的生活费用并给他们提供相关资源，加速初创企业的发展。被加速器接纳之后，创业者要将初创公司的一部分潜在价值转让给加速器的拥有者，而后者会判断哪些处于胚胎期的初创公司最具增长潜力，然后挑选出来给予资金资助。

然而,种子数据库公司(Seed-DB)收集的数据表明,加速器的效率已经低于孵化器。种子数据库公司发起了一项与加速器相关的调研,共有 160 个加速器报名参加这项调研。根据其中 70 个加速器提交的数据,种子数据库公司得出一个结论:在被该公司视为顶尖水平的 20 个加速器[包括 Y Combinator 和科技之星(TechStars)这两个在美国被广泛模仿的加速器]中逐渐发展成形的初创企业当中,只有 2％的企业"功成名就",即被其他企业收购或上市。此外,种子数据库公司还得出另一个结论:加速器资助的企业通常要花 10 年时间才能取得成功,这一数字与绝大多数初创公司相差无几。

诞生于 2005 年的 Y Combinator 堪称加速器的鼻祖,它只接纳不到 5％的申请者。而在它千挑万选、悉心辅导再加以资金支持的几百家初创企业当中,90％以上的企业以倒闭收场。不过,还是有几家企业幸存了下来,并逐渐为世人所熟知,其中便包括红迪网(Reddit)、爱彼迎和 Dropbox。与绝大多数加速器一样,Y Combinator 的总体投资回报率不足 30％。加速器的拥有者创建加速器的目的是更有条理地挑选有发展前景的初创企业,然而在挑选"千里马"方面,他们的眼光似乎比风险投资家好不到哪里去。

## 不要受创业导师摆布

很多创业者听别人说过,创业成功的关键是找一位经验丰富、可靠的导师。"导师"概念源自希腊神话《奥德赛》(*Odysseus*)的伊萨卡国王(King of Ithaca)。国王在出征特洛伊战争之前,请自己既睿智又信得过的朋友曼托(Mentor)照看王子忒勒马科斯(Telemachus)。此后,"曼托"一词就成为良师益友的代名词,并最终衍生出"导师"的含义。

遗憾的是,在创业这件事上,导师虽然能起到一定的辅助作用,但他们也是非常危险的角色。想知道个中原因，我们就得讲讲忒勒马科斯故事中鲜为人知的第二部分。尽管曼托答应了伊萨卡国王，说他会照顾好王子，而且他本人也做好了这样的打算，但他却没有保护忒勒马科斯的能力。曼托给忒勒马科斯提的建议非常危险，于是，无所不知的雅典娜女神接替了他的职责，阻止忒勒马科斯听从曼托的建议。这个故事的寓意就是：忒勒马科斯必须独自寻找人生道路。换句话说，不是通过自己亲身经历得来的知识通常没有太多价值。对创业者来说，这个故事的意义在于：依赖导师是件非常危险的事情。

我对于导师制的怀疑态度是我在大公司研究职业发展路径时形成的。下面我要讲个故事，这个故事是我的亲身经历，而且以不同版本发生过好几次。我认识一位首席执行官，他经常说自己的一名年轻下属很有才干，以后必将前途无量。他将这名下属称作自己的"门生"，并把他提拔为公司副总裁，准备让他做自己的接班人。晋升为副总裁之后不久，这位门生突然被另一家公司聘为首席执行官；不到一年，新东家的董事会便炒了他鱿鱼。导师为过快提拔门生而感到自责，因为门生在公司里养尊处优，没有学到领导者的必备技能，导致他没有觉察到新公司董事会的政治联盟已经发生了改变。

当然，导师的建议有时候对创业者有着巨大的价值。导师有可能会将门生介绍给客户，指导他如何制定用工合同，或者建议他如何与投资人打交道。尽管一些创业者认为自己的成就要归功于导师的悉心教诲，但以下四种情况例外。

"创业周末"（Startup Weekend）公司联合创始人弗朗克·诺伊里加特（Franck Nouyrigat）是一位敏锐的观察家，对于导师制有自己的看法，他也认为导师会给创业者帮倒忙。诺伊里加特提出，初创企业中的导师和门生在经历和兴趣方面通常是不对等的，这会形成四种风险。

第一种风险就是创业者会把决策权交给导师。创业者觉得导师有学问，往往会很信任导师，并坚信导师的这些建议源自其多年的经历，应该很适合用于自己的初创企业。在进行高风险决策的过程中，我们倾向于求助别人，这是很正常的现象。比如说，我们经常求助于医生和律师，但他们所掌握的知识都是有规则可循的，并且都以事实为依据做决策。初创企业的导师却不是这个样子。

创业者比导师更了解与初创企业决策相关的各方面因素，决策可能造成的影响和细微差别，可即便如此，导师还是经常干涉决策。心理学家知道，一旦某个人承担了权威角色，为了维护自我价值，即使没有相关经验，他也会觉得有义务回答别人的问题。简而言之，就算导师对某些问题一无所知，他也要表现出很睿智的样子。

第二种风险在于，许多导师的建议完全是错误的。曼托是怀着善意向伊萨卡国王做出承诺的；同样，导师提建议的初衷也是为创业者着想，但这些建议反映出导师缺乏相关知识的弱点。导师的经验来自不同时代和不同行业，甚至是基本规则已经发生重大变化的同一个行业。举个例子："网络助手杰夫斯"（Just Ask Jeeves）网站是搜索引擎的先驱，它的出现时间早于谷歌；可是，假如你让这家公司的创始人给如今的搜索引擎创业者提供一些指导的话，他们也给不出太多有用的建议。

第三种风险是诺伊里加特认为，某些人虽然承担起了导师角色，但他有些不可告人的经济动机与创业者的最高利益产生冲突，导致他所谓的"有害关系"。许多导师希望用自己所付出的宝贵时间和建议换来门生企业的股权。导师在经验、年纪和个人财富上都比门生高出一筹，当他提出这样的要求时，门生总是处于心理劣势，因为他可能觉得导师已经给自己提供了指导，给导师一些回报也是应该的。

然而，导师一旦投资了初创企业，也许就会扮演共同管理者的角色，想方设法挖掘初创企业的最大潜力。与导师分享初创企业的所有权，其实就是引狼入室，将创业者的理想置于危险的境地之中。创业者甚至会遇到导师夺权的残酷局面。

诺伊里加特还描述了第四种风险，这种风险与满足导师的精神需求有关。很多导师认为,只有给年轻创业者提建议,他们的人生才会变得更有趣甚至更有意义,但创业者完全没必要肩负起这一重任。有些导师一直想创业,但他们把自己的职场经历与创业混为一谈,在这种情况下,上述心态就变得特别麻烦。导师们可能会说,他们是自己所在行业的风云人物,曾做过初创企业的经理人,对创业者的想法一清二楚。

更让人难以理解的是,导师往往被人们奉为大公无私之人,只有付出,不求回报。实际上,正如诺伊里加特所说的那样,许多导师之所以愿意向初创企业提供建议,是因为这不仅有助于他们打发闲暇时间,还可以间接感受到年轻创业者的奋斗历程,同时又不用承担任何风险。

## 好导师难觅踪迹

归根结底,诺伊里加特认为,能够给初创企业带来真正价值的导师很难找到。一般而言,优秀的导师不会自视为专业导师,也不会把自己当作以当地孵化器为中心的人际关系网中的一员;相反,最优秀的导师是不愿意出山的。尤因·考夫曼就是这种类型的导师。他为许多创业者提过建议,也很乐意这样做,因为他知道自己作为导师能够给予年轻人的建议实在有限。

考夫曼知道,公司运营的重任只能由创业者自己承担。他认为,创业者所面临的风险与本人关系最密切,不可能、也不应该由导师分担。因此,对于创业者应如何处理与导师之间的关系,考夫曼提出了一个特别有用的观点:创业者应永远将新公司视为自己的梦想,掌握信息优势,每天都获取能够决定公司发展轨迹的信息,并以此为前提与导师打交道。

换句话说,创业者才是初创企业的主人。按照这一观点,考夫曼认为创业者在寻求建议的过程中不应只咨询一名导师,因为只有集思广益,才能拓宽创业者的视野。多听几位导师的意见,创业者才能对比不同建议的价值,才能知道导师的知识水平和判断力是否与公司发展水平相符。考夫曼还认为,创业者应定期更换导师,因为导师的作用会随着时间的推移发生变化。每当考夫曼认为自己无法给创业者提供有用的建议时,他就会"解雇"自己,迫使寻求他的建议的创业者自行决策。最重要的是,即使考夫曼同意给一家初创企业的创始人提供建议,他也从不拿这家公司的股份,因为他认为,如果他与这家公司有经济利益关系,就无法提供客观的建议。我曾经采访过考夫曼的门生,他们确信考夫曼的建议是非常有用的,因为他给的都是客观建议。

## 没文化,真可怕

如上所述,那些用于扶持人们创业的机制效率极低,事实证明它们没有使初创企业的数量得以大幅增加。1980 年的美国人均创业数量高于今天,当时的创业者既不会写商业计划书,也不会在学校里学习创业,更不会练习如何向风险投资人推销自己的创意。那时候没有孵化器,风投企业寥寥无几,人们在创业的时候也没想过要找个导师。一直以来,美国都在尝试以重金打造一个创业环境,有意识地对创业者进行温室式培养,但遗憾的是,这些做法动机虽好,但考虑欠周,最终以失败收场。

马尔科姆·格拉德威尔解释了这种现象的成因。他认为,我们的思维有时候会突然被某种想法或做法占据,"当某种想法、趋势或社会行为跨越了临界值并像野火般蔓延时,转折点就出现在那个神奇的时刻"。政府希望诱导更多创业行为,而这样的想法就是转折点。正如我们所看到的那样,创业生态系统已经十分普遍,然而,有时候在转折点另一端出现的新创意并不见得更好。创业是人类最自然、最具创造力的行为,而人们对商业计划书、孵化器和导师的"货物崇拜"式迷信已经把创业变成了一种工业化生产流程,仿佛只要把合适的材料正确组装起来就能催生一家成功企业似的。

这种公式化的创业方式受到了某种谬论的影响。人们往往一厢情愿地认为,硅谷一些非常成功的高科技企业的发展史代表了一种最佳创业模式;而这种模式放之四海而皆准,无论任何人,只要想创业,都应该遵循该模式并且相信能够实现同样的结果。然而,问题也随之而来:如果我们不知道什么样的行为导致什么样的后果,那创业者最终会像用椰子壳接收无线电信号那样荒唐可笑。

人们在学校里学到的创业知识是站不住脚的。已故的科技史学家托马斯·库恩(Thomas Kuhn)若在世的话,也许会说人们的思维正在发生转变,我们开始思考如何才能真正创立新企业。有志于创业的人需要知道如何在现实环境下创业。我们要摒弃现有模式,不能再依赖商业计划书和创业生态系统,因为它们根本不起作用。

埃里克·里斯(Eric Ries)在他的著作《精益创业》(*The Lean Startup*)中建议那些想创业的人不要再把时间耗费在商业计划书、孵化器和寻找风险投资人上;相反,他们要意识到以前的创业模式已经行不通了。里斯给出的解决方案很简单,那就是尽快向客户推出"最简单可行"的产品,并让客户跟你一起完善这款产品。

对于他所说的软件企业,这是一条非常好的建议,但软件企业可能只占初创企业数量的 2％,而对那些占初创企业数量 80％ 的特许经营加盟商和商人型创业者来说,根本不存在"精益创业"一说。新公司必须盖办公楼和厂房,必须采购原材料,必须聘请员工,因此,绝大多数初创企业都会显得很"臃肿"。埃隆·马斯克为他的特斯拉公司投入了几十亿美元。在新车面世之前,他不仅要组建工程部门,造一间巨大的工厂,同时还要研发新的电池技术。假如他错误判断了市场对特斯拉轿车的接受度,就有可能经历史上最大规模的企业倒闭事件。

下一个章节,我们将讨论一种更适合人们创业的方法。

# 第十章　善谋者胜

如何才能创立一家成功的企业？我们已经知道，其秘诀并不在于制订正式的商业计划书。然而，对于每一位成功的创业者来说，做计划是一项必不可少的技能。

每个人都要做计划，比如：如果知道明天要去野餐，我们今天就会买好啤酒、热狗和木炭；如果我们知道要为孩子支付大学学费，就会提前多年把钱存够。创业者也要制订类似的计划，预测市场需求，准备好必要资源，塑造初创企业的未来。

然而，创业者会发现，规划一家新企业比筹划任何未来事件都要复杂得多。除了特许经营以外，初创企业取得最终成功的因素几乎是无法提前预知的。每家初创企业都始于一个创意、一款新产品或一项新服务，它们先是引起了创业者的兴趣，经过研发后被推向市场。我们可以将初创企业想象成一个平台，创业者通过该平台寻找扩大规模的机会，重新设计产品，不断调整资源，尽可能地实现快速增长。

从这方面说，创业者的计划制订过程与大公司管理者执行经过深入研究的正规化经营战略截然不同。每家大公司都拥有悠久的发展史，有着自己的主业、所属行业、与客户的关系以及历史增速。在大公司，做规划就是制订战略。公司所有相关人员都清楚，这是一个规范化的流程，它将决定公司选择什么样的发展道路来实现公司目标。因此，如果规划涉及是否建一座更高效的工厂、加大与某款产品创新相关的投资、放弃某项业务或者收购竞争对手，那么，公司可以用传统财务指标将这些选项进行量化比较。

对初创企业而言，这种类型的战略规划毫无用处。初创企业要在市场上找到自己的定位，通过实践检验和改进创始人的初始构思，以确定新公司能否继续生存发展下去。

更准确地说，初创企业所做的规划工作可以说是一种"情景决策"；或者更贴切地说，这是企业在无法及时了解市场的情况下制订的默认策略。在初创企业中，各种事件以令人难以预测的速度发展着，甚至可能反复无常，任何规划都赶不上变化，创业者必须当场做出一些在事后看来具有重大战略意义的决定。然而，在做决策时，创业者手中只掌握着极少的信息，甚至没有任何信息，更别说系统分析每个决策可能会产生的后果了。

在探讨初创企业的规划流程之前，我们不妨分析一下战略规划本身很少能够实现的原因。赫希曼、卡内曼、特维斯基和布卢纳等人的研究成果表明，帕累托的"80/20原则"可以解释这个问题。80％的企业规划和公共项目规划都没有产生预期的效果，比如：企业并购失败，桥梁和公房项目预算超支、时间延期等。

绝大多数大公司的战略决策通常是被动的。任何企业都面临着不可预知的动态环境，每天都有重大事件发生，导致大多数战略计划没有太多实用价值。显然，在动态变化的市场环境面前，假如企业不懂得变通，硬要实现一系列规划好的目标，那么，受伤的只能是企业本身。

正如我们所看到的那样，无论初创企业在成立时有没有制订正式的商业计划，只有大概20％的企业能够存活10年。对初创企业来说，在规划上投不投入时间和精力并没有太大区别。比利·曼曾对我说过："只有大公司才做计划，因为就算投入没有回报，它们也承受得起。"

### 创业需要运气吗?

如果说初创企业不是靠规划取得成功的,那它们靠的是运气吗?很多创业者知道,他们的企业可能会因某件事而发生翻天覆地的变化。想当初,一家保险公司高管跟我说,他一直等着我的产品面世。从那天起,我就知道自己可以不必向医院兜售节省成本的工具了,我要把它卖给那些为医疗事故买单的保险公司,让这个市场更加有利可图。如果不是运气好的话,我根本发现不了这个商机,我的公司也许早就关门大吉了。

安德鲁·史密斯(Andrew Smith)也有过类似经历。有一次,在拜访客户的过程中,一件不经意间发生的事情改变了他公司的命运。史密斯是工程师出身,他想找一种借助科技改善环境的方法。在攻读工商管理硕士学位期间,他一直在思考如何才能让跑长途的卡车少消耗一些燃油。后来,他听说一家专门生产露营设备的公司在达特茅斯大学校园里竖起了充气式帐篷,顿时来了灵感。他想,是否可以在拖车车尾安装一种可充气设备,从而降低拖拽阻力呢?稍作研究之后,他发现即使是最牢固的充气设备,也经不起卡车运输过程中的磨损。

可是,史密斯并没有打消念头,他利用玩具卡车和几片硬纸板进行模拟试验。他把硬纸板做成微型风翼,安装在拖车后面;在装卸货物的过程中,司机可以随手把风翼折叠到车的侧面。接着,史密斯用胶合板制作了风翼的产品原型,然后把它安装在一辆废旧拖车上。他觉得自己的设计看上去像模像样了,于是为这款产品取名为"拖车尾翼导流板"(Trailer Tail)。他在申请完专利之后便开始寻找投资人。完成工商管理硕士课程后,史密斯拒绝了一家大型咨询公司的工作邀请,亲手创立了 AT 动力公司(AT Dynamics)。

如今,这家公司生产的可折叠拖车铝板被 350 多家卡车货运公司所采用。

但它在发展过程中,差点就半途夭折。此前也有人想生产拖车专用的"空气阻流板",但货运公司的卡车司机和车队机械工对这种导流板印象很差,认为任何安装在拖车尾部的装置都会延误装卸货物的时间。此外,这些装置很容易损坏,导致卡车经常停工,造成严重经济损失。史密斯在产品设计过程中一直致力于解决这些问题,他的导流板几分钟之内就可以折叠完毕,而且几乎是坚不可摧的。但是,在这样一个迫切想接受新技术的行业,人们对于导流板还是存在抵触情绪。拖车尾翼导流板的销量很差,AT动力公司只能不断烧钱。几个月后,史密斯便打算放弃了。

有一天,史密斯前往位于新墨西哥州的梅西亚谷货运(Mesilla Valley Trucking)公司拜访客户。平时,客户经常拒绝购买他的产品,但这次不同。就在他介绍完产品之后,客户当场订购了3500副尾翼导流板。史密斯顿时意识到自己已经创业成功了。第二天,他回到旧金山,开始改建工厂。

很多创业者会发现在某个时刻,他们的公司得到了幸运女神的眷顾,而这个时刻正是公司迈向成功的起点。对亚特·齐奥卡而言,葡萄大丰收是他扭转败局的幸运时刻;弗雷德·瓦勒里诺与一家医院签订了"孤注一掷"的协议,他的命运也从此发生转变;假如没有莱奇米尔百货公司的自动售货机采购协议,鲍勃·卡卢奇现在可能还在经营着一家台球室;基利在奥运会上率先冲过终点线那一刻,霍华德·海德生产的滑雪板便成为市场上大受欢迎的产品;而比利·曼的幸运时刻则是席琳·迪翁唱火了他写的歌时。

一些专门研究初创企业的经济学家认为,运气是创业者获得成功的决定性因素。然而,如果我们把运气视为成功的主要原因,那实在是毫无意义。这种说法让人觉得创业者只是非理性的冒险家,他们明知公司的命运取决于自己无法预测或掌控的力量,还是愿意付出多年的辛勤努力,并放弃其他职业所带来的回报。如果真是这样的话,创业便不需要任何技能了,简直就像在拉斯维加斯玩老虎机一样,总有人会成为赢家。然而研究表明,与普罗大众相比,创业者更不愿意承担风险,这一发现跟人们普遍持有的观点截然相反。

## 等待好运还是创造好运?

运气是许多初创企业取得成功的重要因素,这点毫无争议;同样,人类其他活动的结果也取决于命运。谈到创业者与运气之间的关系,曾担任过考夫曼基金会研究室主任的戴恩·斯坦格勒(Dane Stangler)诙谐地指出:"如果你从未创业,运气就不会降临在你头上。"

在运气到来之前,创业者要学会如何迅速做出重大决策,依靠不完整的信息对那些意料之外的事情进行决断。对创业者而言,计划更像是一种实时事件,而不是经过事先深思熟虑、根据预先设定好的步骤按部就班完成的事情。路易斯·巴斯德曾说过:"好运只眷顾有准备的人。"创业者非常欣赏这句名言,因为他们知道,只有做好准备,才能发现突如其来的机遇,并创造出属于自己的财富。

要想成为一名创业者,得从实践中获得经验和知识。如果你想写一首交响乐,那可以在音乐学院学习音乐理论和管弦乐创作;但是,要成为作曲家,你就得动手谱写曲子。外科医生经常说,只有在没有高级医师监督、独自完成一台手术的情况下,你才能称得上是一名真正的医生。同样,要想成为一名称职的司机,你必须要在没有教练的情况下独自驾车,把开车所需的技能牢记心中。

再想想尤因·考夫曼的那句话:如果你想知道自己是不是真正的创业者或者能不能成为创业者,光与别的创业者对比天赋和创新能力是不够的;你必须先成立一家公司。接下来,你的初创企业是否成功,将取决于你在实践中学习的能力以及你对自身所处动态环境的理解程度。在这样的环境中,你所做的每一个决定都至关重要。初创企业的首要目标就是生存,只有生存下来,才能找到规模化增长的机会。然后，你要善于经营企业，使其盈利，为将来企业的茁壮成长奠定基础。所有这一切都需要长期进行深入的自我学习。

## 创业路上，你只能靠自己

回首创业的激情岁月，没有哪个创业者不认为那是他人生中学东西最多的一段时期。跟考夫曼一样，每一家成功企业的创始人都是自学型人才，他们每天都在学习如何创建企业，如何扩大企业规模。学习和规划是一个密不可分的过程。他们在实践中学习，同时也在决定初创企业的未来，新公司的任何进步都源自创业者刚刚学到的知识。

每一位创业者都要经历自我学习的过程，他们要在这个过程中掌握成功创业所需的专业知识。心理学家把这些知识称为"内在"知识，有时候也称为"现成的知识"，只能通过经验获取。正如学习谱曲、做手术或开车一样，你必须把自己学到的成功创业所需的知识内在化，让它们融入你的思想和行动当中。

这种"在实践中学习"的模式是最有效的学习方式。不久前，史上最具创造力的企业——苹果公司刚刚重建了它的教育学习模式。很多年前，史蒂夫·乔布斯启动了"未来苹果课堂"（Apple Classroom of Tomorrow）项目，该项目旨在最大限度地发挥计算机的影响力，借助互联网将学生的个人电脑连为一体，提升各学科学生的学习能力。经过20多年的实践，苹果公司意识到，虽然它已经让很多课堂配备了个人电脑，学生们可以通过电脑了解到与学习相关的信息，但光凭这一点，还无法实现它所期望的学习过程的突破。学生们在科学、技术、工程和数学四个科目的学习成绩依旧没有提升。问题出在哪里？

苹果发现，最大的障碍来自传统的教学方式。学生在课堂上同时学习同一样东西，老师则把控着所有学生的学习进度。苹果公司分析了20多年来的学生课堂表现数据,并聘请来自全国各地的教育工作者来解决这个问题。经过一番努力之后,第二代"未来课堂"项目正式启动,该项目采用了一种名为"挑战式学习"(Challenge Based Learning,CBL)的全新教育模式。

在 CBL 模式下,学生可以自主识别教学挑战,寻找他们最感兴趣或最想了解的主题,然后进行自我教育。学生在解决重大问题的过程中不断学习,积累了大量与他们所选课题相关的知识,CBL 模式的效果便体现出来了。事实证明,CBL 教学法是一种更有效的教育模式。我们将会看到,CBL 体现出了成功创业者的学习方式和规划方式。

被称为"CBL 之父"的马克·尼科尔斯(Mark Nichols)负责主持苹果项目前期的数据分析工作,他还与那些知名的教育专家进行了大量探讨。尼科尔斯告诉我,只有把自己置于必须快速获取信息以做出决策的环境中,我们才能学到最有用的知识。他举了一个例子:有个孩子身患疾病,孩子的父母从互联网上迅速了解到这种疾病的病因和潜在的治疗方案。他们学到的知识有时候比孩子的主治医生还要多,往往成为孩子健康的共同管理者,甚至会极力主张医生使用新药物或新疗法。

借助 CBL 学习法,学生们(当然,其中也包括初创企业的创始人)得以树立学习目标,并明确自己想要解决的重要问题和难题。这些问题五花八门,可以是关于如何建造火箭,也可以是关于如何筹划和创立一家专门向海员销售营养棒、防止其晕船的零食公司。通过试错法,学生或创业者知道自己下一步要掌握哪些东西,从而不断积累经验和知识。最终,他们都会找到问题的解决方案,而至于方案是否起作用,那就要看他们各自的造化了。对于火箭设计者而言,如果火箭成功升空,那肯定皆大欢喜;可如果发射失败,他就得拿起绘图板,重新设计火箭。对营养棒感兴趣的学习则需要持续试验不同配方,直至找到最佳的成分组合。

尼科尔斯认为,苹果公司在构思突破性创新产品时也采用了 CBL 模式的"从实践中学习"法,这一点毫无疑问。苹果的很多创新始于有人提出一种看似不可能的挑战、一个不可触及的目标或者现有尖端科技无法解决的问题。据说,史蒂夫·乔布斯坚决要求苹果的工程师和设计师设计出前所未有或者前人认为做不出来的产品。苹果的平板电脑 iPad 就是很好的例子。以前的绝大多数技术专家认为,电脑的尺寸和性能不可兼得,要想缩小尺寸,就得牺牲性能。但是,苹果工程师明知不可为而为之,把它确立为必须实现的目标。参与过 iPad 项目的工程师都说那是一段令人激动的时期,他们确实学到了很多东西。

在挑战面前,苹果的创意团队学习如何发现、收集和运用他们所需的资源来解决当前的困难。在跨越一个个挑战之后,他们对产品又有了更深入的了解。当然,在此过程中,善于创新的苹果工程师和设计师发现了一些附带的难题和挑战,它们有可能成为预料之外的新产品机会。这种附带的创新过程正是生物学家斯图尔特·考夫曼(Stuart Kauffman)所说的"邻近可能性"。迈克尔·莱文为自己创立的钢铁贸易公司发明了一款自动化管理软件,当他意识到这款软件其实正是市场急需的产品时,便发现了"邻近可能性"。

尼科尔斯称,苹果公司正在实施一个新项目。苹果建立了 iOS 系统开发者学院(iOS Developer Academy),借助 CBL 模式帮助好几个国家的学员创建新的手机业务。该学院的学员入学前对编程一无所知,也没有相关从业经验,但他们都想发明可以赚钱的手机应用软件。学员们借助 CBL 技术自学苹果操作系统 iOS,而 iOS 是苹果手机应用程序的编码语言。该项目的调研结果表明,学员熟悉 iOS 的速度至少是传统课堂学生的两倍。许多自学成才的学员开发出应用程序(比如:手机游戏)和教育工具(比如:教聋哑人弹钢琴的软件),这些软件如今在苹果应用商店(App Store)有售。还有些人创立了自己的应用软件设计公司;其中一名巴西学员在完成了苹果 CBL 课程两年后,在阿雷格里港市(Porto Alegre)创立了一家应用程序技术支持企业,聘请了 14 名员工。

尼科尔斯对这些运用 CBL 模式学习编程和创业的学员进行了研究,他认为,绝大多数创业者都在下意识地使用 CBL 技术:"这是一种本能行为,不受正式计划的约束。计划是无法预料到外来事件和状况的。"尼科尔斯称,计划和学习密不可分,相互依存。创业者和那些学员一样,不断积累自己学到的知识,用以指导自己的下一步行动。计划不是为了取得成功而预先设定的一系列步骤,而是一种动态的、实时的学习和适应的过程。

## 快速学习、快速计划、快速行动

没人比约翰·博伊德(John Boyd)更清楚这个原则。博伊德是美国空军一名优秀的战斗机飞行员,曾参加过朝鲜战争。在战争初期,他发现朝鲜人总能在空战中打败美军,这让他感到很沮丧。后来,博伊德得出一个结论:朝鲜军队所使用的俄制米格(MIG)战斗机性能就是比美军飞机好。考虑到美军短时间内不会派改进过的战斗机来支援战斗,身为空军中队长的博伊德认定,美军赢得空战的唯一方式就是培训飞行员,使他们更善于与米格作战。他解释说,如果飞行员在战斗中能够当机立断,也许就可以提高击落敌机的概率,从而避免自己被敌人击落。

博伊德设计了一种从学习到决策的方法。该方法被称为"OODA 循环法"①,共分为四个步骤。首先,在进行战斗时,飞行员要观察身边有可能影响到他做决策的整个形势(比如:在雷达制导系统出现前,天气情况在空战中扮演着比较重要的角色)。其次,飞行员要熟悉敌机飞行员,例如:他搜集了哪些与敌机飞行员相关的信息,从而知道对方是如何做出战术决策的? 经过几次遭遇战之后,他是否能够预测对手的下一步动作? 再次,他要根据空战进展决定采取哪种策略和下一

---

① OODA 是 Observe, Orient, Decide, Act 的首字母缩写,依次指观察、判断、决策和行动。——译者注

个动作。最后,他要反复采取行动,即追击敌方战斗机,每次根据此前获得的信息调整战术。

那个时代的空战模式是这样的:两架战斗机以 1000 英里(约合 1609 千米)时速相互靠近,首次射击通常无法击中对方。随着对决持续进行,OODA 循环法有助于美军飞行员学习和处理与对手相关的信息,预测对方行为,从而提高每次遭遇战中击落敌机的概率。博伊德发明的这个方法给了我们一个灵感:我们可以从反馈信息中不断学习,并将观察结果用于提升随后的决策效果。

博伊德从未创过业,也从未经营过企业,但他领悟到通过动态学习提升绩效和改善结果的必要性。他的方法与苹果公司发明的挑战式学习法不谋而合。按照后者的方法,学员在产生创意之后,便开始寻找问题的解决方案,然后不断测试,看哪种方案最有可能起作用;最后,选定其中一种方案,看看自己能否说服其他人认可该方案的价值。

OODA 循环法和苹果的 CBL 模式都依赖于持续的重复动作。作为一名创业者,你创业过程中获得的信息能用于下一个决策,帮助你以发展的眼光评估那些会影响企业命运的选项,然后不断重复那些有效的决策和行为,放弃那些无效的决策和行为,尝试别的方法。将 OODA 循环法和 CBL 模式运用于创业时,便产生了一个四步规划模型,该模型可用来管理成功创业所需的四种资源。

## 愿景—平台—产品测试—规模

每一家成功的新创企业都要反复经历这四个阶段:愿景、平台、产品测试、规模。这四个阶段可以被看作一个循环,企业目标确立、新公司成立后,它将成为一个以市场考验创意的平台,引导企业寻找规模化发展的机遇。

每家企业在成立之初都树立了清晰的愿景,这种愿景通常体现为一款新产品。创业者发现,市场需要一款新产品或一种使现有流程变得更好、更快、更廉价的方法。创业者成立初创企业的目的,就是生产这款新产品或提供某种新服务。若初创企业拥有特许经营权,那它的愿景就是把一种经过市场验证的创意带到客户需求还未得到满足的新区域。无论它是你的个人创意还是租借而来的创意,你的初创企业都是与客户分享新创意好处的平台,而你的创意将以某种方式改变他们的生活。

然而,企业刚成立时,创业者并不知道客户会如何看待自己的创意。因此,初创企业就成为研发产品和检验产品实用性的平台。在这个平台上,创意将被一点一点地转化,直至成为一款实用的产品;在此期间,创业者还要测试潜在客户对产品的反应。从霍华德·海德和詹姆斯·戴森都是在研制了数百款原型产品之后才成功推出了改进后的滑雪板和真空吸尘器。与任何一家初创企业一样,他们的公司刚成立时就是一间小作坊,然而就在这样的小作坊里,他们根据潜在客户对新产品功能、便利性和外观所做出的反应持续完善自己的创意。

产品经过长年累月的客户测试和改进后,创业者下一步就要寻求企业的规模化增长。只有规模扩大了,企业才有未来。这个阶段要持续多长时间?从本书所列举的统计数据和讲述的创业故事来看,创业者通常需要奋斗7~10年时间,才能知道自己的初创企业能否生存并蓬勃发展。

## 管理成功创业所需的四种资源

为了顺利完成这四个步骤,你要同时管理好四种资源:创新、人才、资金和创业者与市场沟通的能力。它们的重要性是相对的,会随着时间的推移而发生变化。所以,我们要根据形势进行规划,在某个特定时刻知道如何判断它们的相对重要性,并妥善管理这四种资源。

　　很多人认为,创业成功与否取决于某个具有突破性的创意。实际上,一个随时可以推向市场的成熟创意很少源自发明者的奇思妙想;相反,正如我们所看到的那样,创业者通常只是用另一种形式把其他人的想法和成果组合在一起而已。因此,如果你有志创业,却暂时没有激动人心的创意,不妨考虑先到那些具有创新传统公司工作。在那里,你可以近距离观察创新的过程,体会到对现有产品或流程进行改进或创新的必要性。

　　创新本身是一个渐进的过程,所以,我们要管理好这个过程。你必须明白,如果你是因为某个创意而成立企业的,那么,无论你认为这个创意多么了不起,也要把它放在市场中接受考验,否则,它的价值就无法得到验证。即便创意被推向了市场,它也永远不会完美无瑕。举个例子:当你买到 iPhone 5 时,你会认为这已经是一款完美的产品了,再也没有任何创新的余地。但苹果公司可不这么想,它已经向自己提出了新的挑战,要对新产品进行改进。iPhone 6 面世后,它又开始做同样的事情。

　　第二种需要管理的资源就是人才。初创企业成立时,人才的重要性仅次于创新。没有员工,就无法把创意转化成具体的产品,而没有产品,你就无法说服投资人。在公司创立初期,没有产品制造机器等生产资料,也没有仓管人员和在市场上攻城略地的销售人员,只有你自己和将创意转化成产品的研发人员。

　　与其他资源相比,你应该更关注人才。在挑选和管理第一批员工时,一定要非常谨慎,因为你没有任何犯错的余地。在这方面,你可以参照一些大学的创业指南。刚开始的时候,你可能会遭遇聘请家人和好朋友的尴尬局面;相比之下,聘请陌生人也许是个更好的选择,他们更能满足企业的需求,但正因为你不了解他们,风险可能更高。这个问题不能一概而论,但你要牢记一点:聘请亲戚或朋友当员工的做法存在非常大的风险,而如果他们认为自己跟你的关系很亲密,可以对企业今后的发展方向指手画脚,并且在企业成功时索要过分的回报,那麻烦就更大了。我在第二章中已经提到了这一点。

在初创企业中,如果员工没有按你的预期为公司做出贡献,你没有那么多时间或资源去纠正他们的错误。对于那些没有达到预期要求、无法适应公司文化或者无法迅速给公司带来价值的员工,创业者应立刻把他们解雇掉,这是成功创业者必须学会做的事情,因为你不能把时间都耗费在人事问题上。

除非员工证明了自己的价值,否则不要轻易将公司股权授予员工。我投资了一家初创公司,这家公司后来收购了另外一家小公司,那家小公司的首席财务官被调到母公司工作。几个月后,那位首席财务官发现母公司的年增长率高达400%,于是向老板提议,他要当公司的联合创始人,并坚持要持有公司10%的股份作为奖励,使其成为首批持股员工之一。我建议老板解雇他,因为首席财务官是可以替换的,更关键的是,他向老板所提的要求中有这样一种隐含意义:公司未来是否取得成功,将取决于他对每一个重大决策所提出的意见。决定一名员工的去留时,忠诚度是最重要的考量因素。初创企业是一个孕育野心的地方,自视甚高的员工既不会接受你的想法,也不会接受客户、同事和投资人的建议。经验丰富的投资人(包括我自己在内)早已见识过太多这种情况,他们知道,在初创企业,有些人不一定会以诚待人。

资金是成功创业所需的第三种关键资源。我在前面已经提到过,你的创业资金很有可能来自你的个人积蓄或信任你的家人和朋友。因此,你必须谨慎管理自己的运营资金,考虑好如何花这笔钱,比如:如何将资金合理分配在产品设计与研发、制造、广告、销售以及厂房租金和行政管理成本等正常开销上。资金支配方式将决定着初创企业的最终成败。

有些创业者面临着资金耗尽的局面,在获得足够收益、使公司具备自给自足的能力之前,他们已经用光了运营资金。他们可能把这样的窘境归咎于投资人,责备投资人对企业信心不足。虽然很多书籍和文章大肆宣扬创业"死亡谷"概念,但人们很少注意到,初创企业之死通常是由于滥用资源,还有另一种更大的可能性则是创业者的原始创意没有太大的市场吸引力。大多数情况下,初创企业之所以倒闭,是因为创业者无法向市场推出一种具有增长潜力的成功产品,创意不够好,又无法找到一种能够快速引起市场注意力的产品。只要创意够优秀,总会有投资人提供足够的资金将它转化为产品。虽然这称不上创业的金科玉律,却也算是人们亲身实践得来的经验。

第四种资源是创业者与市场沟通的能力。初创企业类型不同,向市场推广原型产品的方式也不同。埃里克·里斯提出了"精益创业"的概念,因为他曾有过让用户共同设计软件产品的经验。在席客思的案例中,该公司创始人请自己的朋友试用原型产品。艾米·厄普丘奇则在亚马逊网站上打广告,测试市场对她发明的晨吐治疗配方的反应。

企业必须具备的一项能力就是解读市场信号,即现有客户和潜在客户是如何使用和评价企业产品的。只有了解客户的反应,创业者才能确定如何改良产品和如何进行定价,以实现更高的市场接受度并卖出更多产品,使企业所得利润持续最大化。

市场竞争力与企业做广告不是一回事。很多创业者错误地认为,如果他们的产品能够获得足够的媒体关注度,就能为公司日后的成功铺好道路。虽然广告做多了没有坏处,但如果市场不认可产品,做再多广告也提升不了产品销量。此外,由于在互联网上造势是件相当容易的事情,这导致很多创业者误读了市场对新产品的真实反应。互联网上很多关于新公司及其产品的宣传信息都是为了吸引投资人而捏造的,通常也没什么效果。好的创意总能获得资金支持,糟糕的创意虽然能在刚开始的时候吸引到投资人,但却无法向投资人证明自己的产品受到顾客追捧,投资人就不可能继续提供资金。

## 月度记事表

创业者的一切努力都是为了让初创企业能够永续经营，在这个过程中，任何计划都是根据当时的形势制订的。因此，你要定期评估自己的企业正在朝哪个方向发展。每月回顾一次初创企业的经营状况，尽可能客观地评估企业是否走在规模化成长的正确道路上。创业过程中，这种定期回顾企业现状和潜力的做法其实就是在为企业制订规划，它应该成为日常管理实践的一部分。你要制作一份简单的分析模板，篇幅不超过四五页纸，再单独附上几张表格。模板记录的是你持续取得的进展以及未来一段时期的规划。该文件将成为初创企业的成长日志。

你的企业发展摘要须准确描述产品的研发进度以及你在写摘要时产品的实际状况。你要把产品演变的原因记录下来，还要备注好产品研发进展情况，你对客户需求做出了哪些具体响应，如何系统收集市场回馈信息。如果你制作了好几款原型产品，那就记录下这些原型的情况以及它们对不同客户产生的不同效果。此外，你还要记录下，为了不断完善产品，为了使产品更受市场欢迎，接下来你需要获得哪方面的重要信息。

当然了，如果你已经有了现成客户，还可以把客户罗列出来，并注明你预测每个客户能实现多少销量或销售收入。这些预测数字应记录在一张单独的表格上，与上个月的预测数字进行对比，以确定自己在理解产品潜力方面是否有偏差。无论有没有现成的客户，你都要形成独特的观点，认定哪些客户会以什么价格购买你的产品以及从这些客户身上获得的销售收入是否足以维持公司运转。

接下来，你要把市场对产品的真实评价记录下来。行业杂志、时事通讯和互联网上是否有关于这款产品的新闻报道？如果有，是否有助于产品销售？你是否要想办法减少人们对产品和公司下一步动作的草率评论,从而保护你的创意? 又或者是鼓励这种行为,以打造自己的品牌?

总而言之,追踪公司财务状况这项工作尤为重要。你要了解公司还有多少资金、过往销售额和开支是多少、资金消耗率是多少、手上资金还能撑几个月等信息。你要再次回顾以前的预测数字,以确保自己正在提升公司的业绩。你要判断是否需要找到投资人,将公司将实现更大销量或者将削减开支的计划告诉对方。

最后一点:你要持续不断地对员工进行评估。若员工人数未达到 30 人左右的临界规模,你要判断每一名员工对公司所做的贡献并指出你希望他们下个季度有何表现。若员工数量大于 30 人,这种评估可能要以更正规的方式进行。对员工的历次评估记录应表明该员工对于公司的价值是越来越高还是越来越低。写下你的个人决定,晚些时候再提醒自己为什么执行或不执行原定计划。

每一年,你都要回顾这些月度记事表,看看目前的工作进展是否与公司愿景背道而驰,并且想办法寻找更多业务机会。

# 第十一章　创业成功

　　对于如何培养创业者，锡拉丘兹大学教授麦克·德雷迪塔（Mike D'Eredita）有着独到见解。德雷迪塔是一位享誉世界的赛艇教练，以擅长提高赛艇队成绩著称，很多国家的赛艇队希望在奥运会有所作为，都争相邀请他执教。德雷迪塔还是一名创业者，他发明了一款划船模拟器，其中一台机器出现在奈飞公司出品的电视剧《纸牌屋》（*House of Cards*）当中，使用者是剧中主角弗兰克·安德伍德（Frank Underwood）。

　　所有运动员都必须了解竞赛规则。然而，更重要的是，他们必须提高自己赢得比赛的能力。为了帮助运动健儿备战奥运会，统计分析师运用大数据寻找提高运动成绩的最佳方法。运动员之所以屡创新纪录，是因为以前成千上万名奥运冠军的技术都被统计分析师仔细研究过了。所以，游泳运动员的海豚式打腿技术、入水时机和深度得以改进；赛艇运动员对船桨入水的时机、深度和角度有了更深入的理解；短跑运动员找到了新的起跑技术；链球运动员则找到了旋转和掷球的最佳方式，能够将重达16磅的链球扔出最远距离。

　　有潜质的运动员也是以同样方式被发掘出来的。为了物色有足够天赋、能够登上最高水平竞技舞台的选手，奥运教练研究了数万名高中和大学运动员的比赛结果和成绩。只有少数极具培养前途的选手才会被邀请到奥运训练营。这些追寻奥林匹克荣耀的青少年已经准备好接受好几年的艰苦训练,而教练员将采用最先进的技术训练他们,增加他们夺冠的可能性。运动员和教练员是经过精心配对的,因为在长期训练过程当中,双方要进行大量密集的互动,这要求双方的性格必须合拍。只有那些通过训练不断提高成绩的运动员,才有资格留在奥运训练营中。

我和德雷迪塔教授曾探讨过孵化器和加速器无法提升人们的创业成功率的原因,他说了一句话,我觉得很有道理:"假如我们像培育创业者那样训练我们的奥运选手,美国连一块铜牌都拿不到。"

现在你已经知道,商业计划书是不会带来成功的。德雷迪塔的话提醒我们:这世上根本不存在教人们如何创业的训练营,也没人会教我们采用最合理的技术或最佳"动作"来创建和管理一家蒸蒸日上的企业。

然而,网上无数带权威色彩的"创业注意事项"却反其道而行之,而其中许多事项都是相互矛盾的,这毫不奇怪。那些或成功或失败的创业者、新闻记者、教授、投资人和观察家都站在看台上,他们根本没有参加过比赛,却在那里对正在致力于创建成功企业的你评头论足,说你应该知道什么、做些什么,或者不应该做些什么。

创业者没有经历过奥运式选拔和训练,他们应该做些什么,才能真正提高自己成功的概率呢?在我看来,以下几点是成功创业者在打造长盛企业的过程中必须要做的事情,它们都是从本书故事中提炼出来的,可以被视为科学创业的基本要素。我的创业经验和在考夫曼基金工作时与数千名创业者交流所获得的知识都包含其中;此外,它们还反映出从考夫曼拨款成立的庞大数据库收集而来的数千家初创企业的发展历程。如果把创业比作一场比赛的话,我既当过观众,也曾亲身参与其中,更研究过其他人如何提高自己的胜算,并以投资的方式帮助他们赢得这场比赛。

为了阐明观点，我以本书的创业者作为广大创业者的代表，他们每个人都发明了新产品，然后成立公司来制造这些改善用户生活、提升用户幸福感的产品。我们当中的很多人也是这些产品的用户。

## 做好准备，迎接创业机遇

本书的绝大多数主人公都是在机缘巧合之下创业的。实际上，几乎没有谁从一开始就想创业。多数人的创业灵感源自于他们偶然发现的一项创新，这些创新能够提升速度或节省劳动力，具有很大的市场推广前景，能让用户的生活变得更安全、更健康、更便捷，甚至更愉悦。

大多数时候，人们是受环境所迫而创业的。阿尔特·齐奥卡重组了可口可乐旗下的美国酒业集团，他认为葡萄酒业务正蓄势待发，前途一片光明。但是，可口可乐却决定出售这项业务，失望之余，他决定买下酒业集团。齐奥卡动情地回忆说，在可口可乐裁掉葡萄酒业务之前，自己以前的职业目标是在职场中步步高升，直至某天成为一家大型食品公司的掌门人。然而，命运之神在他人生前进道路上留下了创业的机会。

帕特里克·安布罗恩原本没有创业的打算，他只想从锡拉丘兹大学毕业后在企业中找一份工作，没想到一个创业的机会突然出现在他眼前。为了帮室友找工作，帕特里克走上了创业之路。

当然了，如果换成其他人，也许会逃避这些机遇，但阿尔特和帕特里克却勇敢迎接挑战，与本书的其他创业者有同样的命运。创业者的心理素质并无特殊之处，我们无法从心理层面预测谁会接受突然出现的机遇。创业者既不是冒失鬼，也不是商场上的赛车手；相反，他们只是在职业生涯当中合适的时机和合适的地点产生了一个很好的想法，而且这个想法值得一试。

那些没有创业的人也许不够走运，他们没有看到创新的必要性，或者从未想过自己能够创立和经营一家公司。也许在创业机遇或灵感出现的那段时间里，他们正处于人生某个无法承受创业挑战或追求创新的阶段。不过，如果你认为自己是一名初级创业者，更愿意等待时机，你就应该做好准备，以免与运气失之交臂。也许你要多存些钱，一则为创业做准备，二则在你辞职创业时弥补收入方面的损失。

## 使创新从理想走进现实

成为企业家总是一件令人兴奋的事情，而在兴奋之余，很多初创企业的创始人都会犯下同一个致命错误：他们忽略了新公司需要好创意这一事实。初创企业的失败率之所以有增无减，部分原因在于很多人在成立企业时没有太好的创意。这些创意从理论上看似乎很不错，但却无法经受市场的考验，有时候反而很快就被市场证明是错误的。

我们已经知道，创新是不能按计划来的。绝大多数创业者不知道自己在何时或何地会想到一个好的创意。很多人受"车库创业"神话的影响，认为自己能够通过模仿其他人构思创意的方式实现革命性创新，年轻创业者尤其容易犯这样的错误。他们往往不知道，绝大多数初创企业是中年创业者把专业知识和大量行业经验结合在一起的产物。有志于创业的年轻人并不明白这点，他们只是一厢情愿地认为自己推出的新产品一上市就会大卖，但用户却感受不到这些产品的价值；他们凭主观想象认为人们真的需要由手机软件控制的键盘或其他令人难以置信的产品。这些天真的创业者就像在玩一场创业轮盘赌博。

成功的创业者与失败的创业者之间的差异，大部分体现在个人对创新流程的内在感觉以及如何将该流程付诸实施。好的创意需要时间逐渐成形和提炼，它们在创新者现有知识体系基础上逐渐崭露头角,再由创新者采用新方法将各种各样的技术或信息结合起来。当新的想法变得越来越明确之后,便开始将其应用于持续进行中的创新过程。创新是具有自我繁殖能力的,正因为如此,很多人产生创业灵感的时候已经 40 多岁了。他们接触了多年相关技术,明白创新源自现有产品和流程的结合。当他们产生一个新创意时,就会接二连三地产生其他创意。

"磨刀不误砍柴工,该来的终会来。"这是托马斯·爱迪生的至理名言。如果你感觉自己注定要创业,那就脚踏实地地去寻找创业的机会,在"砍柴"的环境中找寻自我。

开始重新设计气动管之后,佩维科公司创始人弗雷德·瓦勒里诺平均每年要申请 3 项新专利。他创立佩维科公司的目的并不是成为发明家,而是满足用户的迫切需求。瓦勒里诺学会了如何提升自己的创新能力。跟绝大多数成功的初创企业一样,佩维科成了一个创新平台,不断完善的气动管技术使公司得以持续成长。

托马斯·爱迪生本人也许就是这种现象的代表性人物。爱迪生花了将近 10 年时间完善电灯泡,而这项发明只产生了 14 项专利。当电灯泡已经能够取代有安全隐患的家用煤气灯时,爱迪生将曼哈顿下城区作为试销市场,在那里建立一个输电网,把电输送到千家万户。市场测试过程需要长期不断地创新和解决问题,在这个过程中,爱迪生创办的企业成为人类历史上首家电力公司。为了让梦想成真,爱迪生发明了发电机、变压器、调压器、开关、磁电机、电表和保险丝,就是依靠这套东西,他使纽约市的部分地区用上了电灯。输电网就是爱迪生的创新平台,他申请了 400 多项与发电技术和电传输技术相关的发明专利。他为人类的未来提供了一张技术蓝图。几十年来,爱迪生所创立的通用电气公司一直被视为全世界最具创新能力的企业之一。

提出"计划谬误"理论的阿尔伯特·赫尔希认为,这些在压力下产生的创新并不令人吃惊。根据他的理论,计划的成功与失败取决于项目经理是否能够表现得像一名创业者,凭空想象出问题的解决方案,防止企业陷入失败的境地。赫尔希的研究结果表明,在大多数情况下,企业管理者要忙于日常事务,这会让他大幅偏离原始计划中设定的问题解决方案。一旦项目启动,为了防止项目失败,创业者就摇身一变,成了发明家。还记得迈克尔·莱文吗?他有一个很好的创意,但由于投资人要求他提供一份详细的商业计划书,他没有抓住出现在眼前的机会。

从某种意义上说,"磨刀不误砍柴工"是做事稳妥的表现,这样的创业者理应得到回报。他们购买特许经营权,制订详细的商业计划,反复验证自己的创业构思。以鲍勃·卡卢奇为例,他的企业开始投入运营之后,特许经营权就像一颗种子,帮助企业不断发展壮大,又孕育出了新的创业构思。他按照特许经营授权商制订的计划拓展业务;与此同时,他还积极开展其他关联性业务,找到了提升各业务模块效率的解决方案。他名下的企业还包括一家建筑公司和一家银行。

## 认清时间的重要性

在普罗特安没有通过联邦食品与药品监管局第三阶段临床试验之前,尼克·弗拉纳诺告诉我,如果他早料到要花 19 年时间才能知道自己的企业能否成功,那他从一开始就不会研发这款药物了。和其他创业者一样,尼克对创业时间表过度乐观了。初创企业的 5 年存活率只有 30%,而在这 30% 的企业当中,绝大多数直到第 7 年才开始盈利。平均而言,企业一般要在创立 11 年后才能成功上市。然而,如果按照典型的商业计划书"获利退出"的说法,初创企业平均只需 4 年就可以出售。我研究过数千份商业计划书,从没看到过任何一份计划书要求潜在投资人等待 10 年才收回投资成本。

凡是创业者,都想创办一家"独角兽"企业。这是一种数量极其稀少的企业,它们有着极佳的创意。它们的生命周期不是按年算,而是按月算;在创立之后很短的时间内,它们便被创始人以数十亿美元作价出售。绝大多数创业者是没有机会创办这种企业的。用詹姆斯·戴森的话说,大多数创业者走的是一段"漫长且充满荆棘"的道路。我们应该心怀成功的梦想,但也要明白通往成功之路有多么漫长和艰苦。

## 用生命去创业

还记得席客思公司联合创始人苏珊·沃尔维乌斯是如何形容创业和做篮球教练两者之间区别的吗?她说,相比之下,篮球要简单得多:"除了训练就是比赛,而比赛不是赢就是输。"她认为创业这项运动是没有终场哨的,一旦上场,就得一直玩下去:"这可不是 40 分钟就能解决的事情。"

在跟米歇尔·布鲁克-马齐涅克共同创业 7 年后,沃尔维乌斯对我说了这番话。刚开始创业的时候,她们对公司的发展前景一无所知,只知道自己放弃了篮球教练这份她们所钟爱的职业,准备创办一家长久存在下去的企业。正如她们所预料的那样,创业之路十分坎坷。她们要迅速学会如何与中国的原料厂家签订合同,然后把原材料运到另一家公司缝制,以确保最佳质量。除了旅游之外,马齐涅克和沃尔维乌斯从未出过国,现在却突然要面对诸多海外难题,例如:她们如何才能知道哪个厂家值得信任?产品成本究竟是多少?如何把原材料或成品从一个国家运到另一个国家?与绝大多数创业者一样,她们经历了许多危机和考验,比如:供应商违约,船舶公司无法及时交付货物,一家主要经销商破产,等等。有时候,她们的信心也会动摇,不确定席客思公司是否能够获得生存所需的订单。

她们是如何坚持下去的?成功的初创企业都有某种特质,而这种特质与创业者的动机有关。为了赚快钱而创业的人是很难创立一家好公司的。成功的创业者从始至终都是为了创立一家能够表达自己人生信念的公司,而不仅仅是为了赚钱。没有这种强烈的人生理念,人们很难坚持走完荆棘密布的创业之路。我们知道,坚韧不拔正是成功创业者的标志之一。

我与创业者打了多年交道,经常看到很多成功创业者将企业视为自己生命的延伸,这给我留下了非常深刻的印象。这种现象不足为奇。我们很多人都以职业定义自己的身份,例如:医生、会计或机械工。我们是这样定义自己的,别人也是这样称呼我们的。而如果你是一名创业者,你的公司就定义了你的身份;你的人生使命就是创立一家公司,生产优质自行车头盔或可折叠式狗笼之类的产品。使公司生存下来并获利成功,这将成为你个人成长和个性塑造过程中不可或缺的经历。很多人似乎天生就是创业者,原因就在于此,他们只做那些与人生目标相符的事情。

10年是一个神奇的创业分水岭,80%的初创企业在到达分水岭之前就倒下了,而闯过分水岭的企业基本上都实现了自给自足并开始规模化增长。幸存下来的企业很少被卖掉。在那些具有20年发展史的企业当中,90%以上的企业的所有权仍掌握在创始人手中。我们不妨想一想詹姆斯·戴森和弗雷德·瓦勒里诺,他们和自己创办的企业已经一起走过了几十年时光。他们跟杰夫·贝索斯和马克·扎克伯格一样,每天都会到公司上班。这跟挣多少钱无关,贝索斯和扎克伯格已经是地球上最富有的人之一,他们之所以坚持工作,是想看看自己的创业理念能走多远,同时也在塑造和探索企业和自己人生的未来。企业就是成功创业者的人生重心,他们无法想象没有企业的日子。伟大企业家创立企业是为了培育它,而不是把它卖掉。

## 全力以赴

　　胆小之人不适合创业。创业失败的风险极高,而为了降低风险,70%的新创业者选择兼职创业。然而,兼职创业者的成功概率非常低。显然,当初创企业成为唯一的经济来源时,创业者会更加努力工作,以确保公司能够创业成功。Y Combinator 创始人保罗·格雷厄姆曾说过,创业者必须全身心投入到初创企业中,"如果把创业失败比作一种疾病,那么,美国联邦疾病控制与预防中心(Centers for Disease Control And Prevention)就要发布公告,禁止人们兼职创业。"

## 学会应对乱局

　　企业管理是一项非常艰巨的工作,而与企业管理相比,掌管初创企业更是难上加难,令人望而生畏,因为初创企业既没有现成产品,也没有市场地位,并且长期缺乏资源。想象一下创业者将面对什么样的局面。他几乎或完全没有管理经验,却突然面对一个前所未有的乱局,而且必须当场做出决断。沃尔维乌斯以篮球比赛做比喻,从旁观者的角度描述了创业者所面临的困境:"如果把生意场比作篮球场,那这个场地总是处于忽高忽低的状态中,而且中间有个大坑;场上时而有 3 个篮筐,时而又有 5 个。对方球员穿着不同的球衣,球的尺寸也一直在变。球场上看不到计时钟,就连裁判都是瞎子。"

　　我问沃尔维乌斯:席客思公司刚成立那几年,她和马齐涅克并没有看到市场反馈,公司发展前景不明朗,她们是如何带领公司度过那些动荡岁月的?沃尔维乌斯用篮球比赛处于胶着状态、结局难以预料时教练的处理方式做类比。虽然篮球教练和初创企业管理者都要在仓促间做决定,但还是有一些窍门可以帮助你度过创业初期的混乱局面。

首先,你要极其高效地利用好自己的时间,并且尽量想办法争取时间。在一场势均力敌的篮球比赛的最后几分钟里,成千上万名球迷欢呼呐喊,球员们都绝望地看着你,希望你给他们讲一些合理的战术。这时候,时间是关键。在激烈的篮球比赛中,任何一名教练都知道自己手里最好的武器就是"暂停比赛"。比赛暂停后,教练便可以改变整场比赛的走势,打乱对方的节奏,并重新制订本方策略。

创业者一定要坚信一点:只要时间充裕,他们可以解决任何问题。那么,如何才能争取到更多时间呢?实际上,无论在篮球运动还是在现实生活中,时间是不会停止的;但是,绝大多数创业者能够影响事件的发展和周围环境,以一种更加可控的节奏把事情做好。很多创业者告诉我,每当遇到过不去的坎,他们都会静下心来研究问题,使自己远离喧嚣的中心。然后,他们开始抽丝剥茧,把最重要、必须要马上解决的问题找出来。他们可能要决定优先服务哪些重点客户,优先向哪些供应商付款,或者想清楚哪些投资人最有可能继续投资。在混乱的局面中,你一定要弄清楚哪些事情是眼下必须得做的,哪些事情可以缓一缓。

其次,要当机立断。在乱局面前,创业者要摒弃看似正常的因果逻辑。不要纠结于看似正确的事物或理想的事件顺序。危机当前,必须当机立断,不要用假设情况去影响决策。行动才是解决混乱的最佳方式,不要等待理想的先决条件出现。比如:在篮球比赛中,运动员有时候不能等对手组织好防线才进攻,而是适时打快攻。

最后,根据你的经验,多做一些你觉得会改变局面的事情。无论哪一家企业,都要做同样的三件事情:(1)增加与市场的互动,即提升产品销量;(2)加强团队凝聚力;(3)提升企业知名度。

## 让客户爱上你的产品

在我供职的第一家公司,我偶然间学到了任何创业者都应该学到的最重要的一课:尽早让潜在客户测试你产品的价值。我发明了一款软件,该软件可以将医院与类似机构的绩效进行对比,从而分析医院的经营存在哪些问题。然而,我从来没在医院工作过,不确定我的客户是否愿意"看到"这些信息。我开始拜访医院行政管理人员,请他们帮我设计报表;他们可以拿这些报表去让医生和护士相信其他机构的运营效率更高,并且以更好的方式关怀病人。产品上市前,我和12家医院一起审阅了几十个版本的报表,其中10家成了我的客户,因为我的产品正是它们所需要的。现在回想起来,这完全是情理之中的事情。

霍华德·海德知道,他的潜在客户需要一款新型滑雪板,只是他们对这一需求不自知而已。发明新滑雪板之前,他一直觉得很沮丧,因为他没能迅速做出一款优质的滑雪板,让客户在享受乐趣的同时也体验到好装备的重要性。可在他成功发明新滑雪板之后,客户还是喜欢用传统的木制滑雪板,为什么呢? 因为客户认为"滑雪板就应该长成这个样子"。

如果说打开滑雪板市场是件难事,那网球市场就更加难以攻克了。网球被视为一项乡村俱乐部运动,它的传统做法和装备早已在网球运动员心目中根深蒂固。网球有很多不成文的规则,根据惯例,网球运动员要穿白色短裤、白色衬衣、白袜子和白鞋子,并且用羊肠线做网线的木球拍打球。

海德知道,只要使用他的产品,运动员的滑雪技术和网球技术都会有所提升,但他逐渐意识到,他要帮助客户想明白这一点。他发现,产品代言这种宣传方式虽然并不新潮,但作用依旧很大,而提升市场需求的最佳方式就是请有潜力和吸引力的年轻运动员代言他的产品。

　　还有一个人发现了代言的作用,这人就是安德玛(Under Armour)品牌创始人凯文·普朗克(Kevin Plank)。跟海德一样,普朗克起初也是把他新研发的运动服装放在车尾厢,然后开到球场边卖给橄榄球运动员。在机缘巧合之下,他的一位朋友说服奥克兰突击者队(Oakland Raiders)四分卫杰夫·乔治(Jeff George)试穿普朗克研制的一件运动上衣。后来,乔治穿着安德玛的衣服登上了《今日美国报》(USA Today),该品牌产品的市场需求急剧上升。看到自己的产品被别人使用,普朗克顿时明白了一个道理:品牌是赢得客户忠诚度的关键因素。

　　海德曾对我说过,他一直在"相当好"与"完美"之间进退两难。他和詹姆斯·戴森都取得了技术突破,但他们想提供给客户的不仅仅是性能更好的产品,他们还想让产品看上去很美观。

　　史蒂夫·乔布斯同样致力于将产品设计得更好看,他想让苹果的每一位顾客觉得自己买了一件艺术品,线条流畅、造型精美,让用户感受到智慧的无穷力量。乔布斯知道,与计算机制造商一样,汽车制造商也在进行技术竞争,但是,与马力和油耗率相比,外观设计更有助于汽车占据较大的市场份额。

　　和海德、戴森和普朗克一样,乔布斯明白对客户了解得越深,就越能做出合理的经营决策这个道理。凡是去过全食超市的人,都会遇到刚崭露头角的创业者在派发免费样品。他们来这里不仅仅是为了与顾客交谈,还要测试市场对产品的反应。他们可能研制了一款新口味的无麸饼干,或者制作了一款专供赛跑运动员补充营养的水果与果仁长条饼,又或者煮了一锅以豆腐为原料的人造鸡肉汤。每年大约有 8000 款新品被摆上全食超市的货架,但只有不到 800 款产品成为畅销品。那些想跟你搭讪、向你提供免费试吃食品的创业者想知道他们想象当中的"目标人群"是否包含拿着他们新品回家的顾客。如果不是的话,他们的梦想就会在超市饼干区的过道里化为泡影。

## 捍卫公司声誉

新公司运转起来以后,接下来你就得捍卫公司的声誉了。你的公司是否出名,将最终取决于你能否履行诺言。你的产品性能与宣传中所描述的一样吗?你是否能按时交货?你是否迅速处理了产品缺陷?客户是否会夸奖你并重复购买你的产品?

有句老话是这样说的:"第一印象永不变。"这话很有道理。一旦你留下了制售劣质产品或在满足产品要求方面出现了问题,那就几乎不可能把这种负面形象从客户脑海中抹去,在社交媒体和其他在线资源上形成的恶劣影响就更不用说了。我曾投资过一家公司,这家公司在满足产品需求方面出现了问题。多年以后,尽管该公司已经做出了改善,但零售商依旧认为它供货速度太慢。

## 创业前多加实践

很多人在真正开始创业之前往往会考虑很多年。也许他们是因为遇到了某个机遇而创业的,但他们潜意识里似乎已经思考过,创业或拥有一家企业才是下一步该做的事情。创业前的这个阶段不会获得太多关注。我在前面已经提到过,人们普遍有一种误解,以为通过头脑风暴就可以产生创业构思;而一旦有了构思,他们就迫不及待地要把想法付诸实施。

也许正是这个原因,直至最近,我们都没有太多资源帮助处于萌芽期的创业者体验一把创业的感觉,甚至没有办法去结识那些已经决定开公司的创业者,与他们交流一下心得。幸运的是,有几个新近启动的项目可以帮助一些正在考虑创业但没有具体构思的创业者。这些项目有助于人们了解创业圈,帮助人们识别创业机会、体验创业的感受以及了解应该采取哪些行动。

其中,一个开展得最广泛的项目便是考夫曼基金的"百万杯咖啡计划"(1 Million Cups),该计划如今已经覆盖了 110 个城市。它是一种非正式的每周聚会,通常安排在每周三早上,地点在当地咖啡馆。聚会向公众免费开放,人们可以在咖啡馆里听当地创业者讲述自己的创业故事。这些创业者就像你一样,曾经犹豫过是否要创业。如果你只是想体验一番创业者正在经历的事情、他们的所思所想以及他们打算如何发展企业,这个项目就非常适合你。聚会的形式大多是有志于创业的人向听众们讲述自己的构思,不过,这与商业计划竞赛的演讲不同。商业计划竞赛所提出的创新是相对固定的,而在"百万杯咖啡计划"聚会上,绝大多数创业者只是对创意进行粗略的描述,然后从广大听众那里获取反馈信息。该社团是自愿加入的,你可以偶尔来一次,也可以定期参加,甚至可以尝试着讲述自己的创业构思。为了让人们对这个项目有整体的了解,过往的演讲内容被编成档案,保存在考夫曼基金"百万杯咖啡计划"官方网站上。你还可以在网站上找到全国各地即将举行的聚会信息。

"创业周末"公司则为有志于创业的人提供了一种更真实的模拟环境,让人们体验到创业的感觉。任何人都可以报名参加这个持续 54 小时的周末创业体验活动,参与人数一般为 80 人,他们都是互相不熟悉的陌生人,要一起合作三天时间。周五,活动参与者讲述个人背景,大致介绍自己拥有哪些专业知识和技能、有什么样的新产品构思以及为什么想要创业;周六,所有人根据相似的个人背景或对新产品的共同兴趣自由组队,分组讨论和研究各种创业构思,借助乐高积木等常见物品制作产品原型,并与其他小组一起检验构思的合理性。该项目提供了一个低风险环境,鼓励人们主动阐述和检验创业构思,创建并加入新的团队。到了周日,所有参与者倾听对方的 5 分钟演讲,然后开启新一轮讨论和研究流程。

从 2007 年起,共有约 20 万人参加过"创业周末"活动。尽管举办该活动的初衷只是让人们深入了解创业的过程，但它却成功孕育了 2000 多家初创企业。"扎利网"（Zaarly）就是该活动的产物。该网站是一个介于"安琪点评网"（Angie's List）和"克雷格分类广告网"（Craigslist）主营业务之间的本地交易平台，顾客提供匹配服务，并为"零工经济"提供经过审核的自由职业者。在创立后的头三个月里，扎利网便募集到了 1200 万美元风险投资。

"百仕通创业启动平台"（Blackstone LaunchPad）项目则是另一种社区创业资源。该项目成立于 2008 年经济衰退时期，专门帮助就业困难的迈阿密大学（University of Miami）毕业生找工作。它的目标是教学生们创业，以此解决他们的就业问题。作为大学失业学生安置项目的一部分，它是非定向性的，既没有就业指导课程，也没有正式计划。相反，该项目采用了一种类似于苹果 CBL 模式的技术，项目参与者通过快速审视创业构思的方式学习创业知识。他们尽可能多地收集某个行业的相关信息，并深入研究市场和企业能在该市场中取得成功的要素。在某些方面，它很像是"创业周末"的延伸环节。

早年毕业的大学校友也在帮助自己的学弟学妹们创业，给他们引荐客户，甚至在某些情况下成为初创企业的首批客户。虽然创业启动平台项目以校园为依托，但项目本身及其所使用的资源通常是对外部社区开放的。在项目启动的头 5 年里，它已经孕育了 400 多家初创企业，并创造了数千个就业岗位。最初由考夫曼基金资助创立的百仕通基金（Blackstone Foundation）如今已资助 25 所大学成立了新的创业启动平台社区站点。

"科技工作坊"（TechShop）给那些需要制作原型样品的人提供了装备齐全的机械加工车间，目前可以在几座城市找到它的运营点。它的网站上有很多发明家和创业者常用的工具设备，包括 3D 打印机、激光切割机、木材和金属加工机械、焊接设施、印刷机、织布机和缝纫机等。作为创客运动的一个组成部分，类似的机器加工车间遍布全国各地，创业者可以在那里制作原型产品，有时候还可以直接生产成品。例如：多伦多公共图书馆（Toronto Public Library）就有一间社区机器加工车间，该车间历史可以追溯到安德鲁·卡耐基时期。当时，卡耐基认为公共图书馆是一种有助于刺激社区产业创新的重要资源，于是资助成立了该车间。许多大学也有原型产品加工设施。虽然大部分设施只供学生使用，但有些大学也允许正在从事创业项目的社区成员使用它们的设备。

## 创业是一场没有规则、你死我活的竞争

看到社区支持网络随时准备好提供协助，许多渴望创业的人开始考虑创业的可能性。实际上，美国有将近 10 万人参与了当地旨在鼓励创业的项目。尽管没有证据表明社区孵化器和企业发展中心是否起到了应有的作用，但它们还是获得了公众支持，每年募集到 20 亿美元发展资金。

这些项目传递出一个容易让人误解的信息，即：世界需要更多创业者，竭诚欢迎大家来创业。然而，市场其实不太想看到新公司出现。很多怀揣伟大创意的人很快便知道，他们的创新发明威胁到了已经占据着市场的大公司。创业者富有想象力的创新产品与大公司的现有产品形成了竞争关系。苹果和微软横空出世后，诸如 IBM 等计算机巨头都想把它们赶出市场，它们必须直面这些大公司的竞争。大公司有理由担心初创企业带来的挑战，因为在苹果、英特尔、思科、戴尔和微软的创新威胁面前，两家大型计算机公司——王安（Wang）电脑公司和美国数字设备公司（DEC）先后倒闭了。

如今，许多城市的出租车联盟正在封杀优步和来福车（Lyft），因为它们扰乱了当地现有的出租车市场。在美国各个城市，这些公司因违法经营而受到处罚，司机被拘留，车子被临时扣押。商业永远是一场你死我活的竞争。

## 后记　创业人生

就在你看这本书的时候,大约有 900 万个美国人正在考虑创业。一般来说,他们会考虑 3 年时间。2017 年,美国只有大约 50 万人会开公司。创业热潮仍在继续,然而,这些数字也说明很多人因为害怕而没有创业。

由于创业失败率很高,所以每个人在开启创业道路之前都想找到一张能够指引方向的"地图"。长期以来,商业计划书一直都是创业者的首选,似乎它能够让创业者做出更合理的决定、得到想要的结果并创立一家成功的企业;它让一切变得更有可预测性。

事实上,商业计划书的作用是极小的。绝大多数创业者义无反顾地投入创业中,成立自己的企业,边做边规划。计划不能带来成功;相反,成功更多是创业者进取心、经验、学习能力和适应能力的综合产物。创业者只有怀揣信念、勇敢迈出创业第一步之后,他的这些特质才能显现出来。

然而,创业的潜在回报并不仅仅是以金钱和成功企业家的形象来衡量的。虽然金钱和社会地位是激励人们创业的原动力,但绝大多数创业者发现,当他们的创意取得成功、客户购买了他们的新产品之后,他们看事情的角度便有点不同了。他们开始明白自己所做的事情能够帮助人们生活得更好、更安全、更幸福;他们还意识到,成就感源自创立一家成功的企业,因为新企业创造了就业机会,并为整个社会创造了财富。当比尔·盖茨成为世界首富时，与微软为人类带来的巨大福祉相比，他所挣的钱微不足道。

　　假如比尔·盖茨、史蒂夫·乔布斯、杰夫·贝索斯或马克·扎克伯格创业时制订了商业计划，人类可能就无法享受到微软、苹果、亚马逊和脸书带来的好处。这个理由足以让你用一种与众不同的方式创业了吧？如果你已经写好了商业计划书，听我的，把它烧掉！

**图书在版编目（CIP）数据**

烧掉你的商业计划书 / （美）卡尔·J.施拉姆
（Carl J. Schramm）著；李文远译. —杭州：浙江大
学出版社，2018.6
　　书名原文：Burn the Business Plan：What Great
Entrepreneurs Really Do
　　ISBN 978-7-308-18047-4

　　Ⅰ.①烧… Ⅱ.①卡… ②李…Ⅲ. ①企业管理
Ⅳ.①F272

中国版本图书馆 CIP 数据核字（2018）第 049814 号

Copyright © 2018 by Carl Schramm
This edition arranged with The Martell Agency through Andrew
Nurnberg Associates International Limited.
浙江省版权局著作权合同登记图字：11-2018-257 号

**烧掉你的商业计划书**

［美］卡尔·J.施拉姆（Carl J. Schramm）　著
李文远　译

---

| | | |
|---|---|---|
| 策　　划 | 杭州蓝狮子文化创意股份有限公司 | |
| 责任编辑 | 杨　茜 | |
| 责任校对 | 於国娟 | |
| 封面设计 | 水玉银文化 | |
| 出版发行 | 浙江大学出版社 | |
| | （杭州市天目山路 148 号　邮政编码 310007） | |
| | （网址：http://www.zjupress.com） | |
| 排　　版 | 杭州中大图文设计有限公司 | |
| 印　　刷 | 杭州钱江彩色印务有限公司 | |
| 开　　本 | 710mm×1000mm　1/16 | |
| 印　　张 | 14 | |
| 字　　数 | 183 千 | |
| 版印次 | 2018 年 6 月第 1 版　2018 年 6 月第 1 次印刷 | |
| 书　　号 | ISBN 978-7-308-18047-4 | |
| 定　　价 | 48.00 元 | |

---

**版权所有　翻印必究　印装差错　负责调换**

浙江大学出版社发行中心联系方式：0571－88925591；http://zjdxcbs.tmall.com